T0355940

MILLONARIO CON CHATGPT

NEIL DAGGER

MILLONARIO CON CHATGPT

EDICIONES OBELISCO

Si este libro le ha interesado y desea que le mantengamos informado de
nuestras publicaciones, escríbanos indicándonos qué temas son de su interés
(Astrología, Autoayuda, Psicología, Artes Marciales, Naturismo,
Espiritualidad, Tradición…) y gustosamente le complaceremos.

Puede consultar nuestro catálogo en www.edicionesobelisco.com

Colección Éxito
MILLONARIO CON CHATGPT
Neil Dagger

1.ª edición: noviembre de 2024

Traducción: *Neil Dagger (asistida por IA)*
Maquetación: *Isabel Also*
Corrección: *Sara Moreno*
Diseño de cubierta: *Enrique Iborra*

Edita: Ediciones Obelisco, S. L.
Collita, 23-25. Pol. Ind. Molí de la Bastida
08191 Rubí - Barcelona - España
Tel. 93 309 85 25
E-mail: info@edicionesobelisco.com

ISBN: 978-84-1172-217-9
Depósito Legal: B-16915-2024

Impreso en los talleres gráficos de Romanyà/Valls S. A.
Verdaguer, 1 - 08786 Capellades - Barcelona

Printed in Spain

BONUS GRATIS

Como agradecimiento por tu compra, me gustaría regalarte este recurso:

Instrucciones ChatGPT y más de 150 poderosas frases motivadoras de «Actúa como» junto con todas las frases motivadoras de ChatGPT que se muestran en este libro en un conveniente archivo PDF para que puedas hacer referencia a ellas sin tener que revisar todo el libro.

Escanea el código QR para descargar gratuitamente este material.

www.edicionesobelisco.com/download/pdf/Recursos_adicionales-MILLONARIO_CON_CHATGPT.pdf

INTRODUCCIÓN

Mientras escribo estas líneas, ChatGPT ya es la plataforma tecnológica de más rápido crecimiento de la historia: ha **alcanzado el millón de usuarios en sólo 5 días.** En comparación, Netflix tardó 3 años, Twitter[1] 2 años, Facebook 10 meses e Instagram 2,5 meses.

Creo que ChatGPT va a ser revolucionario, y quería que esta introducción hiciera que tú, lector, sintieras el mismo entusiasmo que siento yo, así que decidí usar ChatGPT para ayudar: le pedí que creara una introducción para este libro al estilo de **Steve Jobs,** y esto es lo que se le ocurrió (después de editarlo un poco):

«Bienvenido al revolucionario mundo de **ChatGPT, un poderoso modelo de lenguaje que tiene el potencial de transformar tu forma de ganar dinero.**

Este libro es una guía para liberar el verdadero potencial de ChatGPT, mostrándote cómo aprovechar sus capacidades avanzadas para generar ingresos y hacer crecer tu negocio.

---

1   Recientemente esta plataforma ha cambiado su nombre de Twitter a X.

Con ChatGPT, puedes automatizar tareas tediosas, agilizar flujos de trabajo y crear nuevas fuentes de ingresos. **No es sólo una herramienta, es un compañero que puede ayudarte a alcanzar el éxito financiero.**

Desde la creación de contenidos atractivos y la generación de códigos complejos, hasta la atención al cliente y la realización de investigaciones, las posibilidades son infinitas. **Este libro te enseñará a utilizar ChatGPT para crear nuevas oportunidades, ahorrar tiempo y mejorar tu cuenta de resultados».**

Este libro no es sólo para empresarios y dueños de negocios, sino también para cualquiera que busque monetizar sus habilidades y talentos usando ChatGPT.

Como autónomo, vendedor digital o creador de contenidos, aprenderás a utilizar ChatGPT para mejorar tu productividad y tus ingresos.

Por lo tanto, este libro es para ti, tanto si deseas crear una empresa como hacer crecer una ya existente o simplemente aumentar tus ingresos.

Deja que ChatGPT sea tu guía hacia el éxito financiero, y comencemos el viaje para convertirte en millonario de Chat-GPT».

1

ESO ESTÁ MUY BIEN, PERO ¿PARA QUÉ PUEDO UTILIZAR CHATGPT?

SÍ, BUENO, para llegar al quid de la cuestión, puedes:

Generar clientes potenciales: ChatGPT puede ayudarte a personalizar la comunicación, acortar el proceso de creación y uso de plantillas de correo electrónico para diversas situaciones, y permitirte llegar a más clientes potenciales, aumentando las posibilidades de conversión.

Aumentar la visibilidad en línea: ChatGPT puede dar formato instantáneamente a su contenido para SEO y te permite crear estrategias eficaces de *marketing* social y por correo electrónico con el mínimo esfuerzo, de manera tal que aumentes tu presencia en línea y llegues a más clientes potenciales mientras ahorras tiempo y dinero. Es especialmente potente cuando se reutilizan contenidos en varios portales de redes sociales.

Crear vínculos duraderos con tus clientes: ChatGPT puede ayudarte a crear relaciones duraderas con tus clientes generando contenidos a medida, atractivos y de calidad a una velocidad 10 veces superior a la de tus competidores.

Crear nuevas fuentes de ingresos: ChatGPT puede ayudarte a identificar nuevas oportunidades de negocio potenciales y permitirte crear múltiples productos nuevos que anteriormente podrían haber estado fuera de tu alcance debido al tiempo o al conjunto de habilidades requeridas. Estas limitaciones ahora pueden ser obviadas con ChatGPT.

Determinar la mejor estructura de precios: ChatGPT puede proporcionar información basada en datos para investigar estrategias de precios, comprender los hábitos de compra de los consumidores y ajustar los precios para obtener resultados óptimos.

Utilizar nuevas herramientas y tecnologías: ChatGPT puede sugerir nuevas herramientas y tecnologías para automatizar diversos aspectos de tu empresa, como la atención al cliente, el *marketing* y las ventas, lo que puede ayudar a ahorrar tiempo y dinero, además de mejorar la eficiencia general.

Por lo común, tanto si eres propietario de un negocio, empresario o autónomo, ChatGPT puede ayudarte en una amplia gama de áreas proporcionando ideas y sugerencias prácticas para mejorar las operaciones y aumentar los ingresos, a la vez que te ayuda a mantener relaciones duraderas con los clientes creando contenidos atractivos y de calidad a una velocidad 10 veces superior a la normal.

2

PRIMEROS PASOS CON CHATGPT

AHORA QUE YA CONOCES CHATGPT Y su funcionamiento, es hora de empezar a utilizarlo. En este capítulo nos centraremos en el uso de ChatGPT a través de tu navegador, y te daremos algunos consejos y buenas prácticas para maximizar su eficacia.

Paso 1: Regístrate para obtener una cuenta OpenAI

El primer paso para empezar con ChatGPT en https://chat.openai.com es registrarse para obtener una cuenta OpenAI. Esto te permitirá acceder a ChatGPT y a otros modelos lingüísticos de OpenAI a través del sitio web.

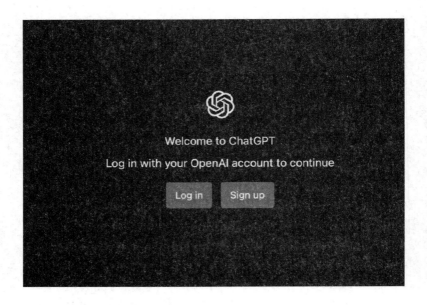

Para registrarte, sólo tienes que visitar el sitio web de Open-AI, hacer clic en el botón «Sign up» de la página y crear una cuenta. Tendrás que facilitar algunos datos básicos, como nombre y dirección de correo electrónico, y aceptar las condiciones del servicio. Una vez que hayas completado el proceso de registro, podrás iniciar sesión con tu nueva cuenta.

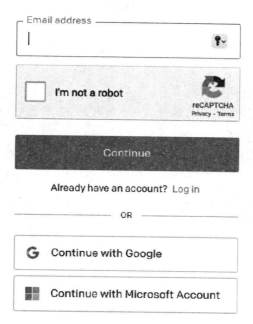

Paso 2: Explorar el modelo ChatGPT

Una vez que hayas iniciado sesión en chat.openai.com, podrás explorar el modelo ChatGPT escribiendo una pregunta en el campo de entrada y haciendo clic en el botón «Enviar». ChatGPT generará entonces una respuesta basada en tu pregunta.

Puedes experimentar con diferentes indicaciones y configuraciones para ver cómo responde ChatGPT. Por ejemplo, puedes probar a especificar diferentes longitudes y tonos para ver cómo afecta la aleatoriedad y creatividad del texto generado.

Paso 3: ChatGPT en acción

La imagen de abajo muestra mi petición: «Dime 7 datos interesantes sobre ChatGPT».

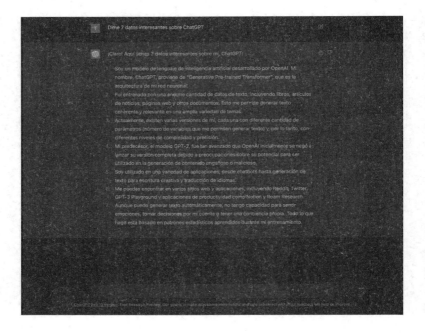

Ésta es la pantalla de ChatGPT; si aún no lo has hecho, ve a chat.openai.com y juega con ella.

Empieza con un simple «Hola», hazle preguntas, pídele que codifique cosas o que traduzca o analice algo, que genere resúmenes de libros y recomendaciones de libros; pregúntale qué le tienes que preguntar al propio ChatGPT.

3

AQUÍ TIENES ALGUNOS CONSEJOS PARA UTILIZAR CHATGPT CON EFICACIA

Fíjate un objetivo claro y sé preciso en lo que pides

Ésta es probablemente la parte más importante que debes aprender para asegurarte de que las respuestas que obtengas de ChatGPT sean exactamente las que necesitas, y requerirá algo de práctica. Una pregunta a ChatGPT se llama «Prompt».

Por ejemplo, digamos que estás planeando un viaje de un día a Londres y quieres hacer turismo; harías lo siguiente:

Prompt: Voy a hacer una excursión de un día a Londres, dime algunos lugares para visitar y hacer turismo.

Respuesta de ChatGPT:

¡Por supuesto! Londres es una ciudad hermosa con muchos lugares increíbles para ver. Aquí tienes algunas sugerencias para tu excursión de un día:

1. El Museo Británico
2. La Torre de Londres
3. Los edificios del Parlamento y el Big Ben

4. El Palacio de Buckingham
5. El Ojo de Londres
6. La plaza Trafalgar
7. La catedral de San Pablo

Nota: ChatGPT también proporcionó dos líneas de descripción de cada una de estas atracciones, pero las eliminé para ahorrar espacio.

Como puedes ver, me dio una respuesta turística muy estándar, pero si has estado en Londres antes o no quieres ir a lugares conocidos y concurridos, puedes preguntar:

Prompt: Dime algunos lugares menos conocidos, pero aún interesantes.

Respuesta de ChatGPT:
Claro, aquí hay algunos lugares menos conocidos, pero aún interesantes para visitar durante tu viaje de un día a Londres:

1. Leadenhall Market
2. Sir John Soane's Museum
3. Old Operating Theatre Museum
4. Cementerio de Highgate
5. Hunterian Museum and Art Gallery
6. Dennis Severs' House
7. Grant Museum of Zoology

¡Espero que estas sugerencias te ayuden a descubrir algunas joyas escondidas en Londres!

Ahora, la lista es completamente diferente, hay tres museos en ella, y no soy un gran admirador de los museos, así que escribí:

Prompt: No soy un gran admirador de los museos.

Respuesta de ChatGPT:

No hay problema, ¡todavía hay muchos lugares interesantes para visitar en Londres que no son museos! Hay algunas ideas:

1. Camden Market
2. Brick Lane
3. Greenwich
4. Notting Hill
5. South Bank
6. Sky Graden
7. Little Venice

Dos cosas a tener en cuenta:

En primer lugar, los resultados cambiaron completamente según cómo se formuló la pregunta y aprendió más sobre lo que quería con cada nuevo mensaje: decirle que no me gustaban los museos cambió toda la lista, en lugar de simplemente reemplazar los museos.

Los resultados habrían sido diferentes si hubiera preguntado: «Me gustan las obras de teatro» o «Me gusta ir de compras», además de la pregunta original.

En segundo lugar, no tuve que reformular toda la pregunta cada vez; simplemente entendió que todavía hablábamos de hacer turismo en Londres. Esto es lo que hace que ChatGPT sea tan poderoso.

Experimento

No tengas miedo de probar diferentes indicaciones y configuraciones. Nunca se sabe, es posible que encuentres una nueva forma de generar contenido que nunca antes habías pensado.

Al crear contenido, puedes pedirle: «**Escribe esto en un tono ingenioso, divertido y atractivo**», o incluso puedes pedirle que escriba algo sobre una persona específica. Me gustaría lo siguiente: «Escribe esta introducción al pódcast al estilo de Joe Rogan».

El truco de «Actúa como»

Ésta es la técnica definitiva para obtener contenido único, personalizado y valioso de ChatGPT para situaciones particulares copiando y pegando el texto en cursiva. Puedes probar este ejemplo a continuación:

Prompt: Quiero que actúes como novelista. Se te ocurrirán historias creativas y cautivadoras que pueden atraer a los lectores durante largos períodos de tiempo. Puedes elegir cualquier género, como fantasía, romance o ficción histórica, pero el objetivo es escribir algo con una trama sobresaliente, personajes atractivos y clímax inesperados. Mi primera petición es: «Necesito escribir una novela de ciencia ficción ambientada en el futuro».

El capítulo 7 tiene una lista de mis indicaciones favoritas para «Actúa como».

Regenerar respuesta

Cuando recibes una respuesta de ChatGPT, pero no estás del todo satisfecho con ella (puedes hacer clic en el cuadro «Regenerar respuesta»), se eliminará el resultado actual y se creará uno completamente nuevo. A veces puede darte un error porque esté sobrecargado; puedes usar la opción «Regenerar respuesta» para esta situación nuevamente.

Obtén múltiples respuestas para la misma consulta

Esto es especialmente útil si quieres elegir cosas como asuntos de correo electrónico o títulos de vídeos/blogs; es poco probable que consigas algo que te encante en el primer intento, por lo que puedes pedirle a ChatGPT que genere 5, 10 o incluso 20 respuestas de una sola vez.

Ejemplo: Genera diez títulos atractivos de publicaciones de blog para un artículo sobre las nuevas funciones del último iPhone.

Refinar y editar

Si bien ChatGPT es una excelente herramienta para generar contenido de alta calidad, no sustituye la edición humana. Tómate tu tiempo para revisar y perfeccionar el texto generado para asegurarte de que esté libre de errores y satisfaga las necesidades de tu negocio.

Incluso puedes copiar texto existente (cualquier cosa, desde correos electrónicos y publicaciones de blog hasta un capítulo de libro) y pedirle «Dame sugerencias para mejorar esto», y lo hará. También puedes concentrarte en cosas como claridad, legibilidad y tono.

Por ejemplo, «Proporcióname sugerencias para mejorar la legibilidad y hacer que este correo electrónico sea más profesional».

Con estos consejos en mente y experimentando, puedes aprovechar todo el potencial de ChatGPT para crear contenido que realmente resuene con tu audiencia y te impulse al éxito.

No lo olvides: el material adicional gratuito te permite acceder a una lista de más de 150 indicaciones para «Actúa como» para varios escenarios. Así que… consíguelo.

Escanea el código QR para descargar gratuitamente este material.

www.edicionesobelisco.com/download/pdf/Recursos_adicionales-MILLONARIO_CON_CHATGPT.pdf

4

EXPERIMENTA UN AUMENTO VERTIGINOSO DE LA PRODUCTIVIDAD CON CHATGPT

SI ERES UN EMPRENDEDOR, un autónomo, una *start-up* o incluso una pequeña empresa, a menudo eres más que una sola persona que tiene que aprender a hacer un montón de cosas diferentes –lo cual lleva una eternidad–, o subcontratar el trabajo a medida que llega –lo cual funciona, pero es caro y hay una falta de continuidad en caso de que el mismo tipo de trabajo llegue de nuevo y el autónomo que utilizaste la última vez no esté disponible.

Con ChatGPT, estos problemas son (en su mayoría) cosa del pasado, sea cual sea el conjunto de habilidades que desees emplear: redacción publicitaria, codificación, creación de arte, creación de anuncios, creación de contenido para blogs, redacción de libros, SEO. Todo esto y mucho más se puede hacer con ChatGPT; sólo tienes que utilizar el estímulo adecuado.

Esto reducirá enormemente el tiempo que pasas preocupándote por los aspectos mundanos del negocio, y te permitirá dedicarte a las cosas importantes en las que tienes que centrarte.

Para ciertos ejemplos, mostraré las respuestas completas de ChatGPT sólo para enseñarte cuánto puede cambiar la salida dependiendo de tu petición.

Correos electrónicos en frío

¿Cuánto tiempo te lleva escribir el correo electrónico de captación en frío perfecto? ¿Alguna vez has pasado horas buscando una plantilla de correo electrónico perfecta que se aplique a tu situación y sector, pero no has podido encontrarla?

Ahora tienes que escribirlo tú y tienes que:

- Ser claro y conciso: Ve al grano rápidamente y explica el valor de lo que tienes que ofrecer y por qué sería beneficioso para ellos.
- Hazlo escaneable: Utiliza títulos, viñetas y párrafos cortos para que el correo electrónico sea fácil de leer.
- Añade credibilidad: Proporciona todas las credenciales o referencias y estadísticas necesarias que puedan utilizarse para respaldar tu oferta o idea.
- Muestra una clara llamada a la acción: Sé directo y específico en lo que deseas que haga el destinatario, ya sea establecer una llamada, conseguir que visite un sitio web o que pruebe un producto.
- Corrige y edita: Revisa cuidadosamente tu mensaje para comprobar la gramática, la puntuación y las erratas.
- Añade un asunto claro: Asegúrate de que el asunto llama la atención, es específico y muestra el propósito del correo.

Pero ahora, tomarse años para elaborar minuciosamente un correo electrónico es cosa del pasado.

Supongamos que eres una agencia inmobiliaria y quieres enviar un correo electrónico a un cliente potencial.

Ejemplo: Correos electrónicos de captación en frío para tu empresa (por ejemplo, una agencia inmobiliaria).

Pregunta: Redactar un correo electrónico para mi agencia inmobiliaria dirigido a un posible arrendador.

Respuesta de ChatGPT:

Estimado [futuro arrendador],

Espero que este correo electrónico le encuentre bien. Me llamo [su nombre] y soy el propietario de [agencia inmobiliaria]. Quería tomarme un momento para presentarme a mí mismo y a nuestra agencia.

En [agencia inmobiliaria] nos enorgullecemos de ser una agencia moderna y con visión de futuro, que antepone las necesidades de nuestros clientes. Nuestro equipo se dedica a ayudar a propietarios como usted a encontrar a los inquilinos perfectos para sus propiedades y a ofrecer un servicio de primera durante todo el proceso.

Tenemos una gran experiencia en el sector y un historial de alquileres exitosos. Creemos que una comunicación clara y atención a los detalles son las claves para construir relaciones sólidas entre propietario e inquilino y garantizar un proceso de alquiler sin problemas.

Si está interesado en saber más sobre cómo podemos trabajar juntos, nos encantaría concertar una llamada para hablar de sus necesidades específicas y responder a cualquier pregunta que pueda tener.

Gracias por considerar [Agencia Inmobiliaria] para sus necesidades de alquiler. Espero poder trabajar con usted.

Saludos cordiales,

[tu nombre]

Esto es bastante útil, pueden hacerse algunos ajustes, pero si eres alguien que lucha con qué escribir exactamente… es un gran punto de partida.

Ahora te daré otro ejemplo de un correo electrónico de captación en frío para mostrarte lo fácil que es cambiar ligeramente el mensaje y hacerlo relevante para un tipo de negocio diferente.

Ejemplo: Correos electrónicos de captación en frío para tu empresa (por ejemplo, una empresa de asesoramiento sobre divisas).

Un amigo mío tiene una empresa de asesoramiento sobre divisas y le costaba encontrar plantillas de correo electrónico adecuadas para la captación en frío. Se pasó años intentando encontrar una, pero no encontraba ninguna que fuera personalizable y apropiada. Cuando hablamos de ello yo acababa de encontrar ChatGPT y, con ella pude ayudarlo a crear una en menos de un minuto; y estaba tan contento con ella que decidí escribir un libro sobre lo útil que puede ser ChatGPT.

Pregunta: Escribe un correo electrónico **profesional** para una empresa de asesoramiento sobre divisas dirigido a un posible cliente.

Respuesta de ChatGPT:

Asunto: Asegure el éxito financiero de su empresa con la experiencia en divisas de [nombre de la empresa].

Estimado [cliente],

Me llamo [su nombre] y soy el fundador de [Su empresa], una empresa de asesoramiento sobre divisas.

Quería ponerme en contacto con usted porque creo que podemos ayudar a su empresa a navegar por el a menudo volátil y complejo mundo de las divisas. Como ya sabrá, las pequeñas fluctuaciones de los tipos de cambio pueden tener un gran impacto en los resultados de cualquier empresa, especialmente en las que operan a escala internacional.

En [su empresa], ofrecemos una gama de servicios diseñados para ayudar a nuestros clientes a gestionar su riesgo cambiario y aprovechar las oportunidades que surjan. Estos servicios incluyen análisis de mercado, cobertura de divisas y ejecución de operaciones, entre otros.

Me encantaría tener la oportunidad de hablar con más detalle sobre cómo podemos ayudar a su empresa. ¿Podríamos programar una llamada a una hora conveniente para usted para discutir esto más a fondo?

Gracias por considerar nuestros servicios. Espero poder hablar con usted pronto.

Saludos cordiales,

[tu nombre]

Esto es decente, sobre todo si tienes dificultades, pero podemos mejorarlo.

Por ejemplo: Hacerlo más atractivo y personal.

Pregunta: Haz que el correo electrónico sea más atractivo y personal.

Respuesta de ChatGPT:

Asunto: Descubra la ventaja cambiaria que su empresa necesita con [nombre de la empresa].

Estimado [nombre del destinatario],

Espero que este correo electrónico le encuentre bien y que su negocio prospere. Me llamo [su nombre] y, como fundador de [nombre de la empresa], una empresa líder en asesoramiento sobre divisas, sé muy bien cómo el mercado mundial de divisas puede hacer o deshacer un negocio.

Por eso hoy quiero ponerme personalmente en contacto con usted y ofrecerle la experiencia de mi equipo para ayudarlo a navegar por el cambiante mundo de las divisas y posicionar su negocio para el éxito.

En [nombre de la empresa] estamos especializados en ayudar a empresas como la suya a identificar oportunidades y gestionar el riesgo cambiario. Nuestro equipo de expertos se dedica a proporcionar a nuestros clientes un análisis del mercado en profundidad, estrategias personalizadas de gestión de riesgos y perspectivas de negociación en tiempo real para garantizar que usted siempre vaya por delante.

Me encantaría tener la oportunidad de conversar más a fondo con usted sobre sus necesidades específicas en materia de divisas y sobre cómo podemos ayudarlo a alcanzar sus objetivos financieros. Programemos una llamada rápida la semana que viene y hablemos más en profundidad.

Gracias por su tiempo y espero tener noticias suyas pronto.

Saludos cordiales,

[tu nombre]

P. D.: También me encantaría compartir algunos de los testimonios de nuestros clientes más recientes si le interesa.

Esta versión del correo electrónico tiene un tono más personal y atractivo. Hay un interés genuino por el negocio y el bienestar del destinatario, y ChatGPT utiliza pronombres personales para dirigirse a él directamente. Además, el mensaje termina con una posdata amistosa. De este modo, la redacción es menos formal y muestra un lado más cordial de la empresa.

Como puedes imaginar, esto funciona con cualquier tipo de negocio; puedes modificar la pregunta para obtener una respuesta diferente, y puedes modificar los parámetros para hacerla más divertida o más atractiva, darle un rasgo de personalidad que creas que tendría más probabilidades de obtener una respuesta…, incluso puedes utilizar diferentes **estilos de autor.**

Ejemplo: Escribir un correo electrónico de aproximación en frío al estilo de Elon Musk.

Pregunta: Reescribe ese correo de aproximación fría al estilo de Elon Musk.

Respuesta de ChatGPT:

Es importante tener en cuenta que la forma de comunicarse de Elon Musk, especialmente en los correos electrónicos de aproximación en frío, puede no ajustarse a un tono profesional o formal y, en algunos casos, puede no ser el enfoque más adecuado. Además, el contenido, el estilo y el tono del correo electrónico dependerán del público al que vaya dirigido. Teniendo esto en cuenta, he aquí una posible versión:

Asunto: Revolucionando el mercado de divisas con [nombre de la empresa]

Hey, [nombre del destinatario],

Soy [su nombre], fundador de [nombre de la empresa], el futuro del asesoramiento en divisas.

Seguro que estás cansado de las empresas tradicionales, que no están preparadas para hacer frente a la rápida evolución del mercado. Déjame decirte que nosotros somos diferentes. No nos limitamos a gestionar el riesgo cambiario, sino que creamos oportunidades, y lo hacemos muy bien.

Nuestro equipo de expertos se dedica a proporcionar a nuestros clientes análisis en profundidad de los mercados, estrategias personalizadas de gestión de riesgos y perspectivas de negociación en tiempo real que te situarán años luz por delante de la competencia.

Somos el tipo de empresa que no teme pensar de forma diferente e ir en contra del *statu quo*.

Te invitamos a una consulta gratuita con uno de nuestros asesores, y te garantizo que notarás la diferencia. Vamos a programar una llamada, y vamos a cambiar el juego.

Saludos,

[tu nombre]

Ejemplo: Correos electrónicos de atención al cliente y creación de plantillas.

Puedes utilizar esto como una herramienta en vivo para responder a los correos electrónicos, así como crear plantillas que tu servicio al cliente puede utilizar para un tipo de consulta específica. A continuación, pondré el ejemplo de un usuario que pide un reembolso, pero eso va en contra de la política de tu tienda.

Pregunta: Escribe un correo electrónico cortés pero firme a un cliente que solicita un reembolso, pero la política de la empresa es no hacer devoluciones.

Respuesta de ChatGPT:

Estimado [cliente],

Gracias por su correo electrónico en relación con su reciente compra con nuestra empresa. Le pedimos disculpas por cualquier insatisfacción que pueda haber experimentado con su compra.

Tras revisar nuestra política de empresa, lamento informarle de que no podemos tramitar el reembolso de su compra.

Nuestra política establece que no ofrecemos reembolsos por ningún motivo.

Entendemos que éste puede no ser el resultado que esperaba, y le pedimos disculpas por cualquier inconveniente que esto pueda causarle.

Si tiene alguna duda o pregunta, no dude en ponerse en contacto con nosotros.

Gracias por su comprensión.

Atentamente,

[tu nombre]

Entradas de blog

Digamos que quieres escribir una entrada de blog atractiva para tu audiencia, pero crear una entrada de blog de alta calidad es un trabajo duro que lleva bastante tiempo. Tienes que:

- Elegir un tema interesante y relevante para tu público objetivo.
- Realizar una investigación exhaustiva sobre el tema elegido utilizando fuentes acreditadas.
- Organizar la información recopilada en una estructura lógica mediante títulos, subtítulos, viñetas y listas numeradas.
- Redactar una introducción clara y convincente, utilizando un tono atractivo y coloquial.
- Editar y corregir la gramática, la ortografía y la claridad, y asegurarte de citar correctamente las fuentes.
- Optimizar los mensajes para los motores de búsqueda mediante palabras clave y metadescripciones.
- Publicar la entrada, compartirla en las redes sociales y otras plataformas, y fomentar los comentarios y las opiniones para crear compromiso con la audiencia.

Pero gran parte de ese trabajo ahora puedes hacerlo tú mismo con sólo pulsar un botón.

Ejemplo: Ideas para una entrada de blog en tu nicho utilizando palabras clave que tienen un alto volumen de búsqueda, pero baja competencia.

Pregunta: Dame 5 ideas de entradas de blog para palabras clave de alto volumen de búsqueda y baja competencia para drones.

Respuesta de ChatGPT:

He aquí cinco posibles ideas de entradas de blog para palabras clave de alto volumen de búsqueda y baja competencia relacionadas con los drones:

- Guía para principiantes sobre el vuelo de drones: Consejos y trucos para pilotos noveles.
- Los 10 mejores drones asequibles para capturar impresionantes fotos y vídeos aéreos.
- Cómo elegir el mejor dron para sus necesidades: Una completa guía de compra.
- Legalidad del vuelo de drones: Entender la normativa de la FAA y las mejores prácticas.
- De las carreras a la cartografía: Las sorprendentes formas en que se utilizan los drones en la industria actual.

Ejemplo: Esbozo de una entrada de blog.

Digamos que te ha gustado la número 4 y quieres escribir un post. Esto es lo que hay que hacer: puedes pedirle que cree un esquema (que más tarde se puede utilizar para generar todo el blog. Voy a mostrar esto en el siguiente ejemplo).

Pregunta: Escribe un esquema de 21 párrafos para una entrada de blog con el título «Los aspectos legales del vuelo de drones: Entender la normativa de la FAA y las mejores prácticas».

Respuesta de ChatGPT:

1. Definición de los drones y su creciente popularidad.
2. Importancia de conocer y cumplir la normativa de la FAA para el vuelo de drones.
3. Panorama de la normativa de la FAA sobre drones.
4. Norma sobre pequeños UAS (Parte 107).
5. Requisitos de registro.
6. Directrices de seguridad.
7. Utilización de un dron con fines recreativos o de ocio.
8. Directrices para el vuelo de drones con fines recreativos o de ocio.
9. Responsabilidad de los pilotos de drones aficionados.
10. Utilización de un dron con fines comerciales.
11. Requisitos para obtener un certificado de piloto remoto.
12. Normas de operación para pilotos de drones comerciales.
13. Consideraciones sobre la privacidad en el vuelo de drones.
14. Directrices de la FAA sobre privacidad.
15. Leyes estatales y locales sobre privacidad de los drones.
16. Vuelo de drones cerca de aeropuertos y aeronaves.
17. Directrices de la FAA sobre el vuelo de drones cerca de aeropuertos y aeronaves.
18. Posibles consecuencias del incumplimiento de estas directrices.
19. Consideraciones sobre seguros para pilotos de drones.
20. Tipos de seguros disponibles para operadores de drones.
21. Importancia de suscribir un seguro de responsabilidad civil.

Ejemplo: Escribir una entrada de blog.

A partir del esquema de blog anterior, podemos pedirle que genere una entrada de blog completa. Es importante hacerlo así en lugar de pedirle que lo cree de una sola vez, ya que así puedes reestructurar fácilmente el blog según te convenga y permitir que la IA forme una estructura más coherente.

Pregunta: Utiliza el esquema anterior para crear una entrada de blog detallada en profundidad con SEO ya aplicado.

Respuesta de ChatGPT:

Legalidad del vuelo de drones: Normativa de la FAA y buenas prácticas.

En los últimos años, los drones se han hecho cada vez más populares para diversos fines, desde la captura de imágenes aéreas para filmaciones hasta la realización de inspecciones para empresas de construcción. Pero el aumento del uso de drones conlleva la necesidad de una normativa que garantice la seguridad y el cumplimiento de las reglamentaciones.

En esta entrada del blog profundizaremos en los aspectos legales del vuelo de drones, centrándonos específicamente en la normativa establecida por la Administración Federal de Aviación (FAA) y en las mejores prácticas para volar drones de forma segura y legal.

Normativa de la FAA sobre drones

La FAA es responsable de regular el espacio aéreo en Estados Unidos y, por tanto, cuenta con una normativa específica para drones. Esta normativa incluye reglas de registro, restricciones de vuelo y directrices de funcionamiento.

(N. B.: No he incluido aquí todo el resultado del blog porque ocuparía demasiado espacio).

Esto es factualmente correcto pero un poco seco, así que decidí darle otro empujón una vez terminado:

Pregunta: Por favor, que sea más divertido y que el tono sea informal.

Respuesta de ChatGPT:

¿Listo para volar como un pájaro y tomar imágenes aéreas realmente espectaculares? O quizá estés pensando en montar tu propio negocio basado en drones para repartir *pizzas* o inspeccionar turbinas eólicas.

Sean cuales sean tus sueños de hacer volar un dron, hay una cosa que tienes que hacer indudablemente antes de surcar los cielos: informarte sobre los aspectos legales. Porque, admitámoslo, meterse en un lío con los federales no es precisamente la forma más estimulante de volar.

Lo primero es lo primero: la Administración Federal de Aviación (FAA) es el mandamás en lo que respecta a la regulación de los drones en Estados Unidos. Tiene una serie de normas y reglamentos que debes conocer antes de empezar a volar como una mosca con esteroides. Entre ellas están los requisitos de registro, las restricciones de vuelo y las directrices de funcionamiento. Es importante que te familiarices con estas normas; de lo contrario, podrías acabar pagando una cuantiosa multa o, peor aún, en la cárcel.

He cortado el resto del blog pero se puede ver cómo esto es mucho más legible, es posible que veas que ha perdido el formato SEO, pero es lo suficientemente simple como para dar otro aviso para decir «Por favor, agrega los títulos y el formato SEO a esto» y lo hará.

(Puedes ver la idea básica, ¡puedes cambiar el estilo y usarlo para crear un blog para cualquier tema! Si necesitas más detalles o si el guion generado no es lo suficientemente largo, puedes simplemente escribir «por favor, reescríbelo para que sea más largo y con más detalles sobre [tema]»).

Guion YouTube/Pódcast

Si alguna vez has creado un vídeo para YouTube o un pódcast, sabes la cantidad de trabajo que hay que hacer antes incluso de empezar a grabar, tienes que:

- Escribir una introducción convincente para enganchar al espectador.
- Organizar el guion en una estructura lógica con títulos y subtítulos.
- Utilizar un lenguaje sencillo y fácil de entender.
- Crea una llamada a la acción al final del vídeo para suscribirse a tu canal.
- Ensayar, editar y optimizar el guion para SEO.
- Mantener la coherencia con el tono, el lenguaje y el mensaje de tu canal.
- Asegurarte de tener un mensaje claro que resuene en tu público objetivo.

Ejemplo: Creación de un guion para un vídeo de YouTube o sí pódcast.

Ahora digamos que estás tratando de construir tu presencia en las redes sociales y quieres usar el artículo del blog que creaste y generar un vídeo/pódcast a partir de él. Puedes utilizar el contenido ya existente que has generado para el esquema de un blog y convertirlo en un guion que luego puedes leer en voz alta.

Sugerencia: Utilizando el esquema del blog anterior «La legalidad del vuelo de drones: Entender la normativa de la FAA y las mejores prácticas», crea un guion de vídeo para YouTube detallado, atractivo y paso a paso.

Respuesta de ChatGPT:

¡Hola y bienvenido a nuestro canal! Si estás interesado en manejar un dron, es importante que conozcas los aspectos legales y las mejores prácticas para hacerlo. De eso hablaremos en el vídeo de hoy.

En primer lugar, empecemos por lo básico de la regulación de la FAA. En Estados Unidos, la Administración Federal de Aviación es responsable de regular los drones. Si tu dron pesa más de 250 gramos, debe estar registrado en la FAA. Esto incluye el peso del propio dron, así como cualquier carga útil o equipo adicional.

(N. B.: No he puesto aquí el guion completo, ¡puedes cambiar la indicación y utilizarlo para crear un guion de vídeo para cualquier tema! Si necesitas más detalles o si el guion generado no es lo suficientemente largo, puedes simplemente escribir «por favor, reescríbelo para que sea más largo y con más detalles sobre [tema]»).

Marketing en redes sociales

En los tiempos que corren, el *marketing* en redes sociales es imprescindible para cualquier empresario o propietario de un negocio.

Tanto si gestionas tu propio *marketing* en redes sociales como si trabajas en una agencia, la competencia es enorme.

Éstos son sólo algunos de los retos a los que te enfrentas:

- Estar al día de todos los cambios de algoritmos en las plataformas de redes sociales puede ser un verdadero quebradero de cabeza. Nunca sabes qué va a funcionar y qué no, así que tienes que ser rápido y adaptar tus estrategias.
- Mantenerse al día de las últimas tendencias e innovaciones en *marketing* en redes sociales es imprescindible. Este campo cambia constantemente y no querrás quedarte atrás.
- Crear contenidos atractivos que calen en tu público objetivo es difícil. Tienes que asegurarte de que es compartible, acorde con la marca y que da en el blanco.
- Medir el ROI de las campañas en las redes sociales puede ser todo un reto. Es difícil cuantificar el impacto de las redes sociales en los resultados de una empresa.
- Gestionar las expectativas de los clientes puede ser complicado. Puede que tengan expectativas poco realistas o que no entiendan los entresijos del *marketing* en redes sociales.
- Gestionar un equipo puede ser un verdadero reto a medida que tu agencia crece. Los profesionales de las redes sociales pueden ser un manojo de nervios.
- La clave está en equilibrar creatividad y estrategia. Hay que idear contenidos creativos y atractivos que, además, respalden los objetivos empresariales del cliente.
- Mantenerse dentro del presupuesto sin dejar de ofrecer resultados a los clientes puede ser un verdadero reto.
- Afrontar los comentarios negativos y las críticas forma parte del trabajo, pero puede ser difícil.

Por ejemplo, supongamos que diriges una agencia de *marketing* digital y siempre estás buscando nuevos contenidos para compartir con tus clientes.

Al aprovechar ChatGPT para producir contenido de calidad profesional, puedes aumentar las conversiones e impulsar las ventas para tus clientes y, en última instancia, tu negocio.

Aquí veremos una forma de crear rápidamente contenidos para varios canales de redes sociales.

Ejemplo: Creación de una campaña de marketing *completa.*

Quieres presentar una campaña publicitaria a un cliente sobre el terreno: quieren lanzar una nueva bebida energética y quieren un desglose de cómo sería la campaña y los costes aproximados.

Así que vamos a crear una campaña de *marketing* utilizando la opción «Actuar como».

Pregunta: Quiero que actúes como una agencia de publicidad. Crearás una campaña de *marketing* completa y detallada para promocionar un producto o servicio de tu elección. Elegirás un público objetivo, desarrollarás mensajes y eslóganes clave, seleccionarás los canales de comunicación para la promoción y decidirás las actividades adicionales necesarias para alcanzar tus objetivos. Pon ejemplos del coste de la publicidad en cada canal de redes sociales, así como la mejor estimación de las tarifas CPM y CPC. Mi primera petición es «Necesito ayuda para crear una campaña publicitaria para un nuevo tipo de bebida energética dirigida a adultos jóvenes de entre 18 y 30 años».

Respuesta de ChatGPT:
Campaña publicitaria para una nueva bebida energética.
Destinatarios: Adultos jóvenes de 18 a 30 años.

Mensajes clave:

- Un nuevo tipo de bebida energética que ofrece una combinación única de cafeína, vitaminas e ingredientes naturales.
- Diseñado para darte el impulso de energía que necesitas sin el bajón.
- Perfecto para adultos jóvenes con un estilo de vida activo.
- Eslogan: «Combustible para tu energía, combustible para tu vida».
- Canales de comunicación:
    - Redes sociales (Instagram, Facebook y TikTok).
    - Plataformas de *streaming* en línea (YouTube, Twitch).
    - Publicidad exterior (vallas, carteles).

Estimación de costes:

Publicidad en las redes sociales:

- Instagram: 0,50-2,00 $/€ por clic, 5-15$/€ CPM.
- Facebook: 0,50-2,00 $/€ por clic, 5-15$/€ CPM.
- TikTok: 0,50-2,00 $/€ por clic, 5-15$/€ CPM.

Plataformas de *streaming* en línea:

- YouTube: 0,10-0,30 $/€ por visionado, 5-15 $/€ CPM.
- Twitch: 0,10-0,30 $/€ por visionado, 5-15 $/€ CPM.

Publicidad exterior:

- Vallas publicitarias: entre 2000 y 20 000 dólares al mes.
- Carteles: entre 500 y 5000 dólares al mes.

Actividades:

- Asociaciones de *marketing* de *influencers* con populares *influencers* de *fitness* y estilo de vida.
- Muestras de productos en eventos de *fitness* y campus universitarios.
- Concursos y sorteos interactivos en las redes sociales.

- Exposiciones y promociones en las tiendas.
- Patrocinio de equipos o eventos deportivos locales.

Éste es un punto de partida bastante decente, te da un eslogan, mensajes clave, así como una visión general de las plataformas y los canales a utilizar, los costes aproximados y las actividades..., bastante útil. Se puede modificar para pedir plazos, costes de otros canales o incluso que asigne un presupuesto basado en el mejor rendimiento de la inversión.

Ejemplo: Publicación en Instagram.
Imaginemos que tu cliente lanza un servicio de cajas de suscripción que ofrece todos los meses una selección de productos ecológicos y sostenibles. La caja incluye pajitas reutilizables, envoltorios de cera de abeja y productos de limpieza sin residuos.
Así que para crear un post de Instagram para este servicio:

Pregunta: Como agencia de *marketing* crea un post atractivo en Instagram para el servicio de cajas de suscripción.

Respuesta de ChatGPT:
Cambiar a un estilo de vida sostenible ahora ¡es mucho más fácil! Presentamos nuestro servicio de suscripción de caja ecológica, entregando productos seleccionados respetuosos con el medioambiente directamente a tu puerta cada mes. Desde pajitas reutilizables y envoltorios de cera de abeja hasta productos de limpieza sin residuos, nuestra caja es la manera perfecta de descubrir nuevos productos sostenibles y tener un impacto positivo en el planeta.
Nuestra caja no se trata sólo de los productos, se trata de la experiencia de vivir de manera más sostenible cada día, y noso-

tros te lo hacemos fácil. Ya seas un guerrero ecológico experimentado o estés comenzando tu camino hacia la sostenibilidad, nuestra caja de suscripción es perfecta para cualquiera que busque un cambio.

No tienes que preocuparte por ir a diferentes tiendas o buscar en Internet para encontrar productos sostenibles. Simplemente suscríbete, relájate y deja que nosotros nos encarguemos del resto.

¿Quieres unirte a la revolución ecológica? ¡Inscríbete ahora y obtén un 25 % de descuento en tu primera caja con el código 'GO GREEN'! #sostenibilidad #ecofriendly #subscriptionbox.

El post puede presentar un conjunto limpio y atractivo de imágenes de producto o un vídeo para mostrar los productos ecológicos. Proporciona una llamada a la acción clara y una sensación de urgencia con una oferta por tiempo limitado. Los *hashtags* del *post* también ayudarán a aumentar la visibilidad para el público interesado en lo ecológico y la sostenibilidad.

Normalmente, una empresa de este tipo querría estar presente en todas las plataformas de redes sociales, y para crear una publicación en algo como X habría que empezar desde cero, porque el medio es muy diferente y el límite de caracteres también es un reto.

Pero ahora puedes pedirle a ChatGPT que lo haga por ti. Ejemplo a continuación:

Ejemplo: Publicación en redes sociales - Twitter

Pregunta: Ahora, como agencia de *marketing*, convierte esto en un post atractivo.

Respuesta de ChatGPT:

¿Quieres tener un impacto en el planeta? ¡Suscríbete a nuestra caja ecológica y descubre productos sostenibles cada mes! #sostenibilidad #ecofriendly #caja de suscripción. Usa el código 'GO GREEN' para obtener un 25 % de descuento en tu primera caja! 🌍♻️📦 #gogreen.

El post de X es más breve que el de Instagram, así que el mensaje tiene que ser conciso y atractivo. Intenté mantener la esencia del mensaje, destacando el principal beneficio de la caja de suscripción y su característica ecológica. También incluí una llamada a la acción para suscribirse, una promoción y los *hashtags* pertinentes para aumentar la visibilidad. Los emojis añadidos son atractivos y crean una sensación de conexión con el público interesado en la vida ecológica.

Puedes seguir haciendo esto, reutilizar la publicación inicial en una publicación de Facebook y LinkedIn, o en algo diferente como Pinterest o un guion de vídeo de TikTok. Así ahorrarás mucho tiempo y te asegurarás de utilizar un tono y una marca coherentes en todas las plataformas con el mínimo esfuerzo.

Supongamos que tienes una tienda de comercio electrónico que vende artesanía hecha a mano.

Al utilizar ChatGPT para generar descripciones de productos para Etsy o tu tienda, puedes aumentar el interés y conseguir más ventas.

Puedes utilizar ChatGPT para generar campañas de *marketing* por correo electrónico que promocionen tus productos y ofrezcan descuentos especiales o promociones a tus suscriptores.

Es mucho más fácil crear contenidos atractivos y compartibles para plataformas como Pinterest, X e Instagram, puedes llegar a un público más amplio y fidelizar a tus seguidores.

Esto puede ser especialmente eficaz si eres capaz de aprovechar los temas de moda y los *hashtags*, ya que esto puede ayudar a que tu contenido se convierta en viral y traiga toneladas de nuevo tráfico y exposición.

Ejemplo: Etsy Descripción del producto.

Pregunta: Crear una ficha de producto en Etsy para una silla de roble hecha a mano.

Respuesta de ChatGPT:
Silla artesanal de roble: Un diseño atemporal para su hogar.
¿Busca una silla elegante y duradera? No busque más: ¡nuestra silla de roble hecha a mano! Hecha de madera maciza de roble, esta silla está hecha para durar y seguro que se convertirá en una pieza preciada en su hogar.
Esta silla está hecha a mano por artesanos expertos que prestan atención a cada detalle. Presenta un diseño elegante y atemporal, con una estructura resistente y un cómodo asiento, perfecto para relajarse después de un largo día. Las patas de la silla son cónicas y están ensanchadas para darle un aspecto único, y está acabada con un aceite natural para realzar la belleza de la madera.
La silla es perfecta para cualquier habitación de su casa, ya sea un acogedor rincón de lectura, un comedor o incluso un estudio. También es una gran elección para espacios exteriores como un patio o una terraza. Dará a cualquier espacio un toque rústico pero elegante.
Nuestra silla de roble está hecha con cuidado y atención al detalle, por lo que puede estar seguro de que está recibiendo un producto de alta calidad que resistirá el paso del tiempo. Pida la suya hoy mismo y añada un toque de estilo a la decoración de su hogar.

- Hecho a mano con madera maciza de roble
- Acabado al aceite natural
- Diseño atemporal
- Asiento cómodo
- Perfecto para espacios interiores y exteriores
- Se envía totalmente montada

No dude en ponerse en contacto con nosotros si tiene alguna pregunta o si desea una pieza personalizada.

Gracias por elegir nuestros productos hechos a mano.

Ejemplo: Entradas en LinkedIn

Si tienes una marca personal centrada en la salud y el bienestar, digamos que quieres aumentar tus seguidores en LinkedIn publicando información útil allí.

Pregunta: Escribe un post en LinkedIn sobre la importancia de la vitamina D en un tono atractivo.

Respuesta de ChatGPT:

Más que buena para los huesos: los sorprendentes beneficios de la vitamina D para la salud.

La vitamina D, también conocida como la «vitamina del Sol», es esencial para mantener unos huesos fuertes y un sistema inmunitario sano. Pero ¿sabía que también desempeña un papel crucial en la prevención de enfermedades crónicas como el cáncer, las cardiopatías y la diabetes? Los estudios han demostrado que las personas con niveles bajos de vitamina D son más propensas a desarrollar estas afecciones.

La vitamina D es única en el sentido de que es la única vitamina que puede producir el organismo cuando nuestra piel se expone a la luz solar. Sin embargo, muchas personas no obtienen suficiente vitamina D únicamente del Sol, especialmente durante los meses de invierno, o si viven en zonas con una exposición solar limitada.

Para asegurarse de que recibe suficiente vitamina D, es importante consumir alimentos ricos en vitamina D, como pescados grasos, huevos y alimentos enriquecidos como leche, cereales y zumo de naranja. También puede tomar suplementos, sobre todo si corre el riesgo de sufrir carencias por falta de exposición al Sol u otros factores, como la edad, el color de la piel o problemas médicos.

Así pues, cuando salga el Sol, no olvide aprovechar la fuente natural de vitamina D, pero asegúrese también de incluir alimentos ricos en vitamina D en su dieta y considere la posibilidad de tomar suplementos para prevenir carencias.

¡Manténgase sano y soleado! #vitaminad #healthylifestyle #nutrición.

Dieta/Nutrición/Entrenamiento personal

Si necesitas un plan de dieta, pero no tienes tiempo para investigar y no quieres pagar a un dietista, puedes pedírselo. ¡No tendrás que leer sobre carbohidratos, ceto, macros, déficit calórico o cualquiera de esas cosas, que pueden tomar mucho tiempo para entenderlas y más tiempo crear un plan adecuado adaptado a ti!

Lo mismo ocurre con el ejercicio físico: tienes que buscarte un entrenador personal o pasarte horas tratando de entender los grupos musculares y los nombres de los ejercicios; es muy tedioso, cuando lo único que quieres es ponerte manos a la obra.

Aquí vamos a crear un plan de dieta para un individuo, y después mostraremos por qué ChatGPT es mucho más útil que si simplemente hubieras buscado uno en Google, porque ahora, teniendo en cuenta todo lo que has introducido aquí, incluido el plan de dieta, ¡puedes pedirle que genere un régimen de entrenamiento a medida que lo tenga todo en cuenta!

Ejemplo: Plan(es) dietético(s) adaptado(s).

Pero con ChatGPT, también puedes utilizar esto para crear planes de dieta personalizados para ti, y si resultas ser un entrenador personal, nutricionista o dietista, esto te ahorrará horas de investigación.

Pregunta: Como dietista, dame un plan de dieta de 2 semanas con desglose calórico para un hombre vegetariano de 35 años que pesa 100 kilos y mide 1,82 metros. Quiero perder un kilo a la semana. Mantén los macros en un 50 % de carbohidratos, 15 % de grasas y 35 % de proteínas.

Respuesta de ChatGPT:

Semana 1:

Primer día:

- Desayuno: 1 taza de copos de avena con 1/2 taza de bayas mixtas y 1 cucharada de almendras picadas (307 calorías).
- Almuerzo: Wrap de verduras a la plancha y hummus con lechuga y tomate en tortilla integral (285 calorías).
- Cena: Tofu al horno con 1 taza de verduras asadas y 1 taza de quinoa (514 calorías).
- Tentempiés: 1 puñadito de zanahorias tiernas (35 calorías), 2 trocitos de chocolate negro (140 calorías).
- **Total:** 1271 calorías.

(N. B.: No he puesto todo el plan aquí, pero puedes cambiar el mensaje y utilizarlo según las características de tu cliente y sus objetivos de pérdida de peso. Si se detiene después de generar parte

de su plan de dieta en función del tiempo que pediste, sólo tienes que escribir «seguir adelante» y continuará la creación del plan).

Ejemplo: Utilizar el contexto para crear planes de entrenamiento a medida.

Ahora, todo lo que tienes que hacer es permitir que Chat-GPT utilice el contexto anterior y genere no sólo algo adaptado a tu físico y tus planes, sino algo que tenga en cuenta tu dieta.

Pregunta: Ahora, teniendo en cuenta la dieta, genera un plan de entrenamiento para el mismo individuo

Respuesta de ChatGPT:

Claro, aquí hay un ejemplo de plan de entrenamiento de 2 semanas para un hombre vegetariano de 35 años que pesa 100 kilos y mide 1,82 metros, diseñado para complementar el plan de dieta y ayudar a alcanzar el objetivo de perder 1 kilo por semana:

Semana 1:
- Lunes: Cardio, 30 minutos de cardio constante (*footing*, ciclismo o natación).
- Martes: Entrenamiento de fuerza, entrenamiento de todo el cuerpo (sentadillas, peso muerto, *press* de banca, remo) con 3 series de 8-12 repeticiones.
- Miércoles: Descanso.
- Jueves: Cardio, 30 minutos de cardio constante.
- Viernes: Entrenamiento de fuerza, entrenamiento de la parte superior del cuerpo (*press* con mancuernas, filas, *pull-ups*) con 3 series de 8-12 repeticiones.
- Sábado: Cardio, 30 minutos de cardio constante.
- Domingo: Descanso.

Semana 2:
- Lunes: Cardio, 30 minutos de cardio constante.
- Martes: Entrenamiento de fuerza, entrenamiento de todo el cuerpo con 3 series de 8-12 repeticiones.
- Miércoles: Descanso.
- Jueves: Cardio, 30 minutos de cardio constante.
- Viernes: Entrenamiento de fuerza, entrenamiento de la parte inferior del cuerpo (sentadillas, peso muerto, estocadas) con 3 series de 8-12 repeticiones.
- Sábado: Cardio, 30 minutos de cardio constante.
- Domingo: Descanso.

¡Qué maravilla! Además, especifica que complementará la dieta, lo cual es un buen detalle.

Planes de aprendizaje

Ser profesor es duro: te pagan mal, tienes que tratar con los padres, corregir los deberes y hacer exámenes.

Es realmente difícil juzgar con precisión el nivel de dificultad que debe tener y equilibrarlo con que sea algo que se pueda completar en un tiempo determinado, ¡por no mencionar que lleva mucho tiempo!

Tanto si eres profesor de escuela como si das clases particulares, o simplemente estás creando un curso en línea, ¿quién quiere pasarse horas creando planes de clase? Ahora ya no tienes que hacerlo:

Ejemplo: Plan(es) de aprendizaje a medida.

Pregunta: ¿Puedes crear 50 preguntas tipo test con 4 opciones para una clase de Ciencias de 5.º curso?

Respuesta de ChatGPT:

Claro, aquí hay cincuenta preguntas tipo test con cuatro opciones para una clase de Ciencias de 5.º curso:

1. ¿Qué tipo de roca se forma a partir de lava o magma enfriado?
- A. Sedimentos
- B. Metamórfica
- C. Ígnea
- D. Calcárea

2. ¿Cuál es el proceso por el que las plantas fabrican alimentos?
- A. Fotosíntesis
- B. Transpiración
- C. Respiración
- D. Germinación

3. ¿Cuál es el proceso por el que una semilla se convierte en planta?
- A. Fotosíntesis
- B. Germinación
- C. Transpiración
- D. Reproducción

(N. B.: Sólo estoy enumerando los 3 primeros aquí, pero se puede especificar la cantidad y el tipo de preguntas, así como el nivel de complejidad, y utilizarlo para crear tantas preguntas/cuestionarios como necesites, si eres un maestro, tutor o un padre, esto puede ser un regalo del cielo. Las preguntas generadas aquí se volvieron un poco repetitivas, con muchas preguntas basadas en

las mismas 4 opciones, por lo que se requiere un poco de selección manual).

Codificación

¿Alguna vez has tenido una idea de programación, pero aprender a programar te ha parecido demasiado complicado y contratar a un programador demasiado caro, o peor aún, te preocupa que te roben la idea?

Ahora, con ChatGPT, si puedes aprender a seguir instrucciones, puedes codificar prácticamente lo que quieras. Pondremos en un ejemplo más complejo en el próximo capítulo, pero esto debería ser algo con lo que puedas jugar ahora.

Ejemplo: Ejemplo(s) de codificación fizz buzz.

Si alguna vez has trabajado en desarrollo de *software*, estarás familiarizado con el *fizz buzz*. Para los que no, es una pregunta clásica que se hace en las entrevistas a los desarrolladores de *software*. Es bastante básica, pero es fácil equivocarse si no se es específico.

Consiste en **escribir un programa que, para cada dígito del 1 al 100, imprima «fizz» si el número es divisible por 3, «buzz» si es divisible por 5 y «fizzbuzz» si es divisible por ambos.**

Así que decidí someter a ChatGPT a la prueba de *fizz buzz* y utilicé C++, ya que python lo hace demasiado fácil.

Pregunta: Escribe un programa en C++ que para cada dígito del 1 al 100, imprima «fizz» si el número es divisible por 3, «buzz» si es divisible por 5 y «fizzbuzz» si es divisible por ambos.

Respuesta de ChatGPT:

Claro, aquí tienes un ejemplo de programa que imprime «fizz» si el número es divisible por 3, «buzz» si es divisible por 5 y «fizzbuzz» si es divisible por ambos, para los números del 1 al 100 en C++:

```cpp
#include <iostream>
int main() {
for (int i = 1; i <= 100; i++) {
if (i % 15 == 0) {
std::cout << «fizzbuzz» << std::endl;
} else if (i % 3 == 0) {
std::cout << «fizz» << std::endl;
} else if (i % 5 == 0) {
std::cout << «buzz» << std::endl;
} else {
std::cout << i << std::endl;
}
}
return 0;}
```

Este programa utiliza un bucle for para recorrer los números del 1 al 100. Comprueba primero si el número actual es divisible por 15. Si es cierto, imprime «fizzbuzz». Si no lo es, comprueba si el número actual es divisible por 3. Si es cierto, imprime «fizz». A continuación, comprueba si el número actual es divisible por 5. Si es cierto, imprime «buzz». Si no se cumple ninguna de las condiciones, imprime el número actual.

Ésta fue una implementación limpia y agradable (la parte clave en la que la gente suele fallar es poner el «% 15» como primer paso) y los comentarios añadidos a pesar de que no los pedimos.

5

UTILIZA CHATGPT PARA CREAR FLUJOS DE INGRESOS PASIVOS QUE SIGAN DANDO FRUTOS

AHORA EL JUEGO HA CAMBIADO, las fuentes de ingresos pasivos que tienen una barrera de entrada muy baja se verán inundadas porque ChatGPT hará que sea realmente fácil para la gente replicarlo cientos o miles de veces.

Así que no nos centraremos en cosas que son fáciles de crear, como libros de bajo contenido en Amazon (cosas como cuadernos, libros para colorear o libros de rompecabezas) o crear arte de IA y venderlo en sitios de fotos de *stock* (algunos sitios de fotos ya lo han prohibido, y los que no lo han hecho han sido inundados con millones de imágenes generadas por IA).

Así que, en lugar de eso, nos centraremos en cosas que incluso con ChatGPT llevará algún tiempo hacer bien, cosas que no se pueden generar perfectamente en un momento. Esto asegurará que el mercado no se inunde y, si te tomas tu tiempo para crear contenido de calidad, destacará.

Nos centraremos en:

- Libros
- Post para blogs
- Vídeos de YouTube

- Cursos en línea
- Aplicaciones informáticas

Libros electrónicos

Los libros electrónicos pueden ser una gran fuente de ingresos pasivos. Aunque requieren mucho trabajo inicial, un buen libro electrónico puede generar regalías durante años, y con la publicación en Amazon hoy en día también puedes publicar tu libro sin tener que preocuparte por los acuerdos con las editoriales de la vieja escuela.

Sin embargo, escribir un buen libro electrónico no es fácil. A continuación te explicamos en qué consiste:

- Encontrar el tema y el nicho adecuados.
- Realizar una investigación exhaustiva para garantizar que el libro esté bien informado y sea creíble.
- Organizar y estructurar el contenido de forma lógica y fácil de seguir.
- Crear contenidos atractivos y convincentes que mantengan la atención del lector.
- Escribir con un estilo que atraiga al público destinatario y sea fácil de leer.
- Formatear el libro para diferentes dispositivos de lectura y asegurarte de que se ve bien en todos ellos.
- Lectura y edición para garantizar que el libro esté libre de errores y erratas.
- Diseñar una portada que destaque en el mercado y resulte atractiva para los lectores.
- Promoción y comercialización del libro para llegar a tu público objetivo.
- Precios del libro para optimizar las ventas en función de tu mercado objetivo.

Por suerte, ChatGPT puede ayudarte con mucho de esto. Empecemos por encontrar un nicho.

Ejemplo: Nicho y tema.

Puedes hacer una sesión de *brainstorming* si no tienes ni idea del nicho para el que quieres escribir.

Pregunta: ¿Cuáles son algunos buenos nichos únicos para los que escribir un libro electrónico?

Respuesta de ChatGPT:

Muchos nichos únicos pueden ser buenas opciones para escribir un *ebook*, algunos ejemplos son:

- Desarrollo y superación personal
- Emprendimiento y pequeña empresa
- Salud y bienestar
- Conciencia plena y meditación
- Paternidad y desarrollo infantil
- Viajes y aventuras
- Cocina y nutrición
- Finanzas personales e inversión
- Bricolaje y reformas
- Tecnología y *marketing* digital
- Relatos personales, memorias y biografías
- Cuidado y adiestramiento de mascotas
- Jardinería y paisajismo
- Fotografía y videografía
- Salud mental y psicología

También puedes refinarlo aún más, digamos que quieres escribir sobre viajes y aventuras.

Mensaje: Dame algunos temas sobre los que pueda escribir de viajes y aventuras.

Respuesta de ChatGPT:
Éstos son algunos de los posibles temas sobre los que podría escribir en el ámbito de los viajes y la aventura:

- «Fuera del camino trillado: Explorando joyas ocultas en destinos turísticos populares».
- «La guía definitiva para mochileros con presupuesto ajustado».
- «Cómo planificar el viaje perfecto por carretera».
- «Deportes de aventura: Guía para principiantes».
- «Camping 101: Consejos y trucos para un viaje exitoso».
- «Inmersión cultural: Las mejores formas de experimentar la vida local mientras se viaja».
- «Viajes en solitario: Cómo estar seguro y disfrutar como nunca».
- «Las excursiones y los *trekkings* más pintorescos del mundo».
- «El arte de la fotografía de viajes».
- «Los mejores lugares para una desintoxicación digital».
- «Voluntariado y turismo responsable».
- «Guía de viajes en crucero».
- «Los mejores lugares para la aventura de la vida salvaje».
- «Los mejores lugares para practicar deportes de aventura como paracaidismo, *puenting*, etc.».
- «Los mejores lugares para vivir una aventura de lujo».

Ejemplo: Esquema de un libro.
Ahora, puedes seleccionar un tema sobre el que deseas escribir –digamos que es «Los mejores lugares para una desintoxica-

ción digital»–, ahora podemos empezar a trabajar en un esquema del libro.

Pregunta: Crear un esquema de libro para «Los mejores lugares para una desintoxicación digital».

Respuesta de ChatGPT:
He aquí un esbozo de libro de muestra para «Los mejores lugares para una desintoxicación digital»:

Introducción.
• Explicación del concepto de desintoxicación digital y por qué es importante.
• Breve resumen del contenido del libro.

Comprender la desintoxicación digital.
• Explicación de los efectos de la tecnología en nuestra salud mental y física.
• Discusión sobre la importancia de desconectarse de la tecnología.
• Consejos para evaluar sus propios hábitos digitales y determinar si es necesaria una desintoxicación.

Planifique su desintoxicación digital.
• Discusión sobre los diferentes tipos de desintoxicación digital (por ejemplo, desconectarse completamente, limitar ciertas aplicaciones o actividades).
• Consejos para fijar objetivos y prepararse para la desintoxicación.
• Información sobre cómo establecer límites con amigos y familiares para apoyar su desintoxicación.

Destinos de desintoxicación digital.
- Panorama de los mejores lugares para una desintoxicación digital, tanto urbanos como rurales.
- Información sobre alojamiento, actividades y cultura local de cada destino.
- Discusión de los pros y los contras de cada destino y para qué tipo de desintoxicante puede ser el más adecuado.

Permanecer conectado (o no).
- Consejos para seguir conectado al mundo exterior durante una desintoxicación digital.
- Discusión de los pros y los contras de permanecer conectado.
- Sugerencias de formas alternativas de mantenerse informado y conectado.

Conclusión.
- Resumen de los puntos principales del libro.
- Aliento a los lectores para que prueben por sí mismos una desintoxicación digital.
- Sugerencias de lecturas complementarias y recursos.

Ten en cuenta que se trata sólo de un esquema de muestra y que puede que necesite añadir o eliminar algunos temas en función de tu investigación y del público al que te dirijas. Además, puedes añadir más subtemas a cada sección según tus necesidades.

Ejemplo: Esquema de un capítulo.

Ahora, a partir del esquema del libro, podemos crear esquemas de los capítulos.

Pregunta: Crea un esquema del capítulo I. Introducción del esquema del libro «Los mejores lugares para una desintoxicación digital».

Respuesta de ChatGPT:

Claro, aquí tienes un ejemplo de esquema de capítulo para la Introducción de «Los mejores lugares para una desintoxicación digital»:

Introducción.
A. Definición de desintoxicación digital.
B. Explicación del impacto de la tecnología en nuestras vidas.
- Efectos sobre el bienestar mental y físico.
- Impacto en las relaciones e interacciones sociales.
C. Las ventajas de desconectar de la tecnología.
- Mayor concentración y productividad.
- Aumento de la sensación de bienestar y reducción del estrés.
D. Objetivo del libro.
- Visión general de los distintos tipos de desintoxicación digital.
- Resumen de los mejores lugares para una desintoxicación digital.
- Consejos y estrategias para planificar y llevar a cabo una desintoxicación digital.
E. Breve resumen del contenido del libro.
- Lo que los lectores pueden esperar aprender del libro.
- Cómo está organizado el libro.
F. Una llamada a la acción para que los lectores se tomen un descanso de la tecnología y prueben por sí mismos una desintoxicación digital.

Creo que está bastante bien, y ahora puedes repetirlo para todas las secciones y tendrás un esquema de cada capítulo completo para todo el libro.

Utilizando el esquema del capítulo, puedes crear también el contenido del capítulo propiamente dicho.

Ejemplo: Contenido del capítulo.

Pregunta: Utilizando el esquema del capítulo anterior, escribe una introducción de 250 palabras para el libro y, a continuación, escribe la sección A, «Definición de una desintoxicación digital».

Respuesta de ChatGPT:
En el acelerado mundo tecnológico actual, es fácil quedar atrapado en el flujo constante de notificaciones, mensajes e información. Pero tomarse un descanso de la tecnología, o una desintoxicación digital, puede tener un profundo impacto en nuestro bienestar mental y físico. Una desintoxicación digital es un período de tiempo durante el cual una persona se desconecta de la tecnología y limita el uso de dispositivos electrónicos.

El impacto de la tecnología en nuestras vidas es innegable. Afecta nuestro bienestar mental y físico, nuestras relaciones e interacciones sociales. La conectividad constante puede provocar un aumento del estrés y la ansiedad, una disminución de la concentración y la productividad, y efectos negativos sobre el sueño. Pero si nos desconectamos de la tecnología, podemos mejorar la concentración y la productividad aumentar nuestra sensación de bienestar y reducir el estrés.

Este libro tiene como objetivo explorar el concepto de desintoxicación digital, proporcionando una visión general de los diferentes tipos de desintoxicación digital, consejos y estrategias para planificar y llevar a cabo una desintoxicación digital, y una visión general de los mejores lugares para una desintoxicación digital. Echaremos un vistazo a lugares urbanos y rurales que ofrecen el escenario perfecto para una desintoxicación digital, y exploraremos el alojamiento, las actividades y la cultura local de cada destino.

A. Definición de desintoxicación digital

Una desintoxicación digital es un período de tiempo durante el cual una persona se desconecta de la tecnología y limita el uso de dispositivos electrónicos. Esto puede incluir apagar las notificaciones, guardar los teléfonos inteligentes y evitar las redes sociales y otras formas de comunicación digital. El objetivo de una desintoxicación digital es romper con el flujo constante de información y distracciones que la tecnología puede proporcionar y dar a nuestras mentes y cuerpos un descanso muy necesario. Nos permite centrarnos en el momento presente y conectar con el mundo que nos rodea de una forma más profunda y significativa. Una desintoxicación digital puede adoptar muchas formas, desde una breve pausa de unas horas hasta un período de tiempo más largo, como un fin de semana o incluso una semana o más. Es un proceso personalizado que puede adaptarse a las necesidades, preferencias y estilo de vida de cada persona.

Ejemplo: Título y subtítulo.
Ahora, podemos hacer una lluvia de ideas para un buen título y subtítulo:

Pregunta: ¿Puedes sugerir algunos títulos y subtítulos adecuados para este libro?

Respuesta de ChatGPT:

Claro, aquí le sugerimos algunos títulos y subtítulos para el libro *Los mejores lugares para una desintoxicación digital:*

- **Desenchufado:** La guía definitiva para desintoxicarse digitalmente y encontrar la paz en el mundo moderno
- **Desconectar para volver a conectar:** Cómo planificar y tener éxito en una desintoxicación digital
- **Escapar del ruido:** Una guía para encontrar la paz y la tranquilidad a través de la desintoxicación digital
- **Manual de desintoxicación digital:** Cómo desconectar, recargar y encontrar el equilibrio en un mundo conectado
- **La limpieza digital:** Una guía paso a paso para desconectar y encontrar la paz interior

Ejemplo: Descripción de un libro para una página de ventas.

Ahora, como tenemos todos los contextos del libro y su contenido en la ventana de ChatGPT, sin ninguna otra indicación podemos pedirle que genere una página de ventas que podamos utilizar en Amazon o en cualquier otro sitio.

Pregunta: Por favor, crea una página de ventas descriptiva y atractiva para el libro *Desenchufado: la guía definitiva para la desintoxicación digital y encontrar la paz en el mundo moderno.*

Respuesta de ChatGPT:

¿Te sientes abrumado por el ruido y las distracciones constantes del mundo digital? ¿Te cuesta desconectarte de tus dispositivos y encontrar la paz interior?

Si es así, *Desenchufado: la guía definitiva para la desintoxicación digital y encontrar la paz en el mundo moderno* es el libro para ti.

En esta completa guía, aprenderás todo lo que necesitas saber sobre la desintoxicación digital, desde comprender los efectos de la tecnología en nuestro bienestar mental y físico hasta planificar y ejecutar una desintoxicación con éxito. Descubrirás los mejores lugares para una desintoxicación digital, tanto en zonas urbanas como rurales, y conocerás el alojamiento, las actividades y la cultura local de cada destino.

Pero *Desenchufado* es algo más que una guía de desintoxicación digital. Es un plan para encontrar el equilibrio en un mundo cada vez más conectado. Aprenderás a establecer límites con amigos y familiares, a mantenerte informado y conectado mientras te desintoxicas, y a desarrollar hábitos saludables que te servirán mucho después de terminar la desintoxicación.

El libro está escrito en un estilo fácil de leer, por lo que es accesible a cualquier persona que quiera desconectar de la tecnología y encontrar la paz interior. Tanto si quieres desconectar por completo como si sólo quieres limitar el uso de ciertas aplicaciones o actividades, este libro tiene algo para todos.

Si estás listo para tomarte un descanso de la tecnología y mejorar tu bienestar, *Desenchufado* es el libro para ti. Pide tu ejemplar hoy mismo y comienza tu viaje hacia la paz interior.

Ésta es sólo una forma posible de escribir una página de ventas, pero puedes cambiar el contenido según el enfoque de tu libro, el público al que va dirigido y el estilo de escritura.

Esto es realmente bueno, ¡casi me dan ganas de comprarme el libro!

Ejemplo: Correo electrónico de promoción de libros.
Ésta es una de las grandes ventajas de ChatGPT: sin tener que añadir más información, puedes pedirle que cree un *email* de *marketing* para el libro.

Pregunta: Crea un correo electrónico de *marketing* para *Desenchufado: la guía definitiva para desintoxicarse digitalmente y encontrar la paz en el mundo moderno.*

Respuesta de ChatGPT:
Asunto: Desconecta y encuentra la paz interior con *Desenchufado.*
Estimado [nombre],
¿Te sientes abrumado por el ruido y las distracciones constantes del mundo digital? ¿Te cuesta desconectar de tus dispositivos y encontrar la paz interior? Si es así, tengo la solución perfecta para ti: *Desenchufado: la guía definitiva para la desintoxicación digital y encontrar la paz en el mundo moderno.*

En esta completa guía, aprenderás todo lo que necesitas saber sobre la desintoxicación digital; desde comprender los efectos de la tecnología en nuestro bienestar mental y físico hasta planificar y ejecutar una desintoxicación con éxito.

Descubrirás los mejores lugares para una desintoxicación digital, tanto en zonas urbanas como rurales, y conocerás el alojamiento, las actividades y la cultura local de cada destino.

Pero *Desenchufado* es algo más que una guía de desintoxicación digital. Es un plan para encontrar el equilibrio en un mundo cada vez más conectado. Aprenderás a establecer límites con amigos y familiares, a mantenerte informado y conectado mientras te desintoxicas, y a desarrollar hábitos saludables que te servirán mucho después de terminar la desintoxicación.

No dejes que la tecnología controle tu vida. Pide hoy mismo tu ejemplar de *Desenchufado* y comienza tu viaje hacia la paz interior. Puedes pedirlo en [inserta tu sitio web o enlace para comprar el libro].

Gracias por tu tiempo y espero que disfrutes del libro. Saludos cordiales,

[Tu nombre]

Puedes ajustar el contenido para que se adapte a tu público y a tu voz, añadir una llamada a la acción y asegurarte de incluir la forma de adquirir el libro.

Ejemplo: Anuncio en X.
Ahora, con la misma facilidad puedes pedirle un anuncio en X.

Mensaje: Por favor, crea un anuncio en X para el lanzamiento del libro *Desenchufado: la guía definitiva para desintoxicarse digitalmente y encontrar la paz en el mundo moderno.*

Respuesta de ChatGPT:
¿Te sientes abrumado por la tecnología? Desconecta y encuentra la paz interior con *Desenchufado: la guía definitiva para la desintoxicación digital y la búsqueda de la paz en el mundo moderno.* ¡Consigue tu copia ahora y comienza tu viaje hacia una vida equilibrada y en paz! #Desenchufado.

Ejemplo: Investigación de precios.
ChatGPT también puede ofrecerte un precio orientativo basado en tu mercado y público objetivo para optimizar las ventas.

Pregunta: Si quiero publicar este libro electrónico en Amazon, ¿puedes darme un precio que maximice el número de ventas en función de mi público objetivo?

Respuesta de ChatGPT:

Fijar el precio de tu libro electrónico en Amazon puede ser una tarea complicada, ya que depende de varios factores, como tu público objetivo, la competencia y el valor que ofrece tu libro. Sin embargo, en términos generales, un precio más bajo tiene más probabilidades de generar más ventas, ya que hará que tu libro sea más accesible para un mayor número de lectores.

Para un libro electrónico de no ficción como *Desenchufado: la guía definitiva para la desintoxicación digital y la búsqueda de la paz en el mundo moderno*, un precio de entre 2,99 y 4,99 dólares se considera competitivo y probablemente maximizará el número de ventas. Este rango de precios posiciona tu libro de forma competitiva frente a libros similares, al tiempo que sigue siendo asequible para la mayoría de los lectores.

También es importante tener en cuenta que puedes cambiar el precio de tu libro de vez en cuando; por ejemplo, puedes ofrecer descuentos o promociones para impulsar las ventas, o puedes subir el precio si crees que está infravalorado. Además, también puedes ofrecer el libro gratis durante un período de tiempo limitado para atraer a más lectores a tu libro y conseguir más reseñas.

Ten en cuenta que se trata de información general y que debes investigar las preferencias de tu público objetivo y los precios de libros similares en Amazon antes de decidir el precio de tu libro.

Vídeos en YouTube

Los vídeos de YouTube son realmente adecuados para los ingresos pasivos porque tu catálogo de vídeos es valioso a medida que pasa el tiempo, ya que cualquier nuevo público que te encuentre estará interesado en tu contenido antiguo y puede seguir generando ingresos por publicidad durante años después, lo que contrasta con las publicaciones en las redes sociales, que pueden tener una vida útil de tan sólo unas horas, dependiendo de la plataforma.

Ejemplo: Investigación sobre el tema del vídeo.
Digamos que no estás seguro de qué vídeos crear, quizá tengas un nicho o quizá no.

Pregunta: Dame algunas ideas para un vídeo de YouTube de alta búsqueda y baja competencia.

Respuesta de ChatGPT:
1. Cómo hacer un plan de comidas económico.
2. Ideas de decoración casera con poco presupuesto.
3. Consejos para ahorrar dinero al comprar.
4. Formas creativas de reutilizar objetos domésticos.
5. Guía para principiantes para plantar un huerto de hierbas aromáticas.
6. Rutinas sencillas de entrenamiento en casa.
7. Desordena tu vida: 10 pasos prácticos.
8. Trucos de cocina y recetas con pocos ingredientes.
9. Remedios naturales para dolencias comunes.
10. Manualidades fáciles que cualquiera puede hacer.

Ejemplo: Generar un guion atractivo y humorístico.

Supongamos que has decidido crear un vídeo sobre la opción 5: Guía para principiantes para plantar un huerto de hierbas aromáticas.

Pregunta: Genera un guion de vídeo de YouTube atractivo y humorístico para el número 5: Guía para principiantes para plantar un huerto de hierbas aromáticas

Respuesta de ChatGPT:

[**Intro**]: ¡Bienvenido a la *Guía para principiantes para plantar un huerto de hierbas aromáticas!* En este vídeo te enseñaré a crear tu propio huerto de hierbas aromáticas desde cero y a divertirte mucho haciéndolo.

[**Contenido** principal] Antes de empezar, repasemos algunos aspectos básicos: las hierbas prefieren el Sol y mucha agua. Los distintos tipos de hierbas se pueden cultivar en climas diferentes, así que asegúrate de investigar qué tipo funciona mejor en tu zona.

Ahora que sabemos lo básico, hablemos de dónde plantarlas: ¿en el interior o en el exterior? Si te decides por las plantas de interior, no te preocupes: hay muchas opciones perfectas para apartamentos sin mucho espacio.

A la hora de plantar las hierbas, hay que tener en cuenta tres aspectos principales: el tipo y la calidad del suelo, la disponibilidad de luz y las necesidades de temperatura. En primer lugar, la tierra. La tierra debe estar lo bastante suelta para que el aire circule alrededor de las raíces, pero también lo bastante compacta para que retenga bien la humedad, aunque no demasiada, porque las raíces empapadas se pudrirán rápidamente.

En cuanto a la luz... necesitas al menos 8 horas al día para la mayoría de las hierbas; pero, de nuevo, investiga un poco, ya que algunos tipos pueden necesitar más o menos Sol en función de su grado de resistencia.

Por último, la temperatura: a la mayoría de las hierbas les gustan los climas cálidos (60-70 grados Fahrenheit, 16/21 Celsius), pero algunas, como la menta, prosperan incluso a temperaturas más frías si están protegidas de las heladas.

Una vez que todo está bien plantado… ¡empieza la verdadera diversión! La cosecha es una de mis partes favoritas, porque elegir qué hojas y flores cortar ayuda a controlar lo que crece cada planta…, además de que me da toneladas de deliciosos ingredientes para cocinar sabrosas comidas con amigos y familiares.

Y hablando de cocinar…, siempre añado orégano recién cogido a las ensaladas, o espolvoreo albahaca sobre las porciones de pizza antes de hornearlas… ¡qué rico! Además, tener un jardín de hierbas aromáticas significa no tener que comprar especias caras en la tienda.

[**Conclusión**] Ahora que ya hemos explicado todos los pasos necesarios para cultivar un jardín de hierbas aromáticas en el interior o en el exterior, ¿por qué no lo intentas tú mismo?

Con los cuidados adecuados, amor y paciencia, estoy seguro de que pronto podrás disfrutar de todos sus beneficios… sólo recuerda estos puntos clave: elige con cuidado qué tipo o clase funcionará mejor en tu clima; asegúrate de que haya un espacio adecuado entre cada planta; proporciona luz solar y temperaturas cálidas adecuadas; cosecha regularmente según las especificaciones proporcionadas por los expertos (o en línea); y, por último, ¡diviértete mientras realizas todas estas actividades!

Gracias por verme… ¡Hasta la próxima vez! ¡¡Feliz jardinería todo el mundo!!

Esto es lo que generó, es probablemente un poco corto para 10 minutos y necesitará algo de edición, pero un excelente punto de partida, especialmente si te enfrentas al bloqueo del escritor.

Grabación de vídeo

Normalmente tendrías que grabarlo tú mismo, pero si no te gusta estar delante de la cámara o prefieres que te graben un vídeo que luego puedas locutar, estás de suerte.

Una herramienta llamada *Pictory* utiliza inteligencia artificial para generar un vídeo completo con imágenes y texto basado en un guion o incluso en un blog. A continuación, puedes leer por encima sin mostrar tu cara o, si lo prefieres, utilizar uno de sus personajes de voz de IA incorporados para ponerle voz.

Sin embargo, los vídeos de YouTube con IA rara vez se monetizan, por lo que, si ése es tu objetivo, puedes crearlo y luego hacer tú mismo la locución. Sería la forma más rápida de hacerlo.

Entradas de blog centradas en el *marketing* de afiliación

En el último capítulo hemos hablado de la creación de entradas de blog atractivas, desde la lluvia de ideas de palabras clave y títulos hasta la generación de la entrada completa, así que ahora nos centraremos en la creación de entradas de blog adaptadas específicamente al *marketing* de afiliación.

Al igual que los vídeos de YouTube, los buenos blogs tienen una larga vida útil y pueden ser una fuente de ingresos que dure muchos años.

Normalmente, los artículos de los blogs de *marketing* de afiliación se centran en comparaciones: digamos que tu nicho son los drones y estás buscando ideas.

Ejemplo: Ideas para entradas de blog.

Pregunta: Dame 5 ideas para un blog de *marketing* de afiliación sobre drones.

Respuesta de ChatGPT:

«**Los 10 mejores drones para cineastas:** Guía para cineastas independientes y profesionales». Esta entrada de blog podría ofrecer una guía completa para cineastas independientes y profesionales sobre los mejores drones para filmar y las características que deberían buscar. Podría incluir enlaces de afiliación para comprar los drones recomendados.

«**Los mejores drones para fotografía de viajes:** Captura impresionantes tomas aéreas en tu próximo viaje». Este post podría centrarse en los mejores drones para fotografía de viajes y las características que son importantes para capturar impresionantes tomas aéreas mientras viajas. Podría incluir enlaces de afiliados para comprar drones y el equipo fotográfico recomendados.

«**Drones para la agricultura:** Cómo los drones están revolucionando la agricultura y la ganadería». Este post podría centrarse en cómo los drones están revolucionando la agricultura y la ganadería al proporcionar a los agricultores una nueva forma de inspeccionar y gestionar sus tierras. Podría incluir enlaces de afiliación para comprar drones diseñados específicamente para uso agrícola.

«**Drones para inmobiliarias:** Cómo los drones están cambiando la manera en que mostramos casas». Este post podría centrarse en cómo los drones están cambiando la forma en que los agentes inmobiliarios muestran las casas, proporcionando imágenes aéreas y visitas virtuales. Podría incluir enlaces de afiliación para comprar drones diseñados específicamente para uso inmobiliario.

«**Drones para la construcción:** Cómo los drones están haciendo que las obras en construcción sean más seguras y eficientes». Este post podría centrarse en cómo los drones están haciendo que las obras en construcción sean más seguras y eficientes al proporcionar a los directores de obra una nueva forma de inspeccionar y gestionar la obra. Podría incluir enlaces de afiliación para comprar drones diseñados específicamente para la construcción.

Por ahora, iremos con un simple artículo comparativo y luego ampliaremos con alguno de los otros.

Ejemplo: Generar una entrada de blog completa.

Pregunta: Escribe una entrada de blog atractiva sobre los 5 drones más populares del mercado con una comparación exhaustiva entre ellos, indica sus precios y escribe un párrafo sobre la cámara, la batería y la experiencia de vuelo de cada uno de ellos.

Respuesta de ChatGPT:
Cuando se trata de drones, hay muchas opciones en el mercado, y puede ser difícil saber cuál elegir.

En esta entrada del blog, vamos a echar un vistazo a algunos de los mejores drones disponibles en la actualidad, y comparar sus características para ayudarte a tomar una decisión informada.

(PowerVision PowerEye: 2.999 dólares)

El PowerVision PowerEye es un dron de categoría profesional que ofrece una serie de funciones avanzadas.

La cámara: El PowerEye viene con una potente cámara 4K que puede capturar fotos y vídeos de alta resolución. La cámara también está equipada con un cardán de 3 ejes que garantiza una grabación estable y fluida.

La batería: El PowerEye tiene una autonomía de vuelo de hasta 40 minutos.

La experiencia de vuelo: El PowerEye está equipado con tecnología de evitación de obstáculos para garantizar una experiencia de vuelo segura y estable. Este dron puede volar en condiciones de viento y es muy sensible a los comandos.

(DJI Mavic Air 2: 799 $/€)

El DJI Mavic Air 2 es conocido por su portabilidad y sus funciones avanzadas.

La cámara: El dron viene con una cámara de 48 MP capaz de capturar fotos y vídeos de alta resolución. El cardán de 3 ejes garantiza que las grabaciones sean estables y fluidas, incluso en condiciones de viento.

La batería: El Mavic Air 2 tiene una autonomía de vuelo de 34 minutos.

La experiencia de vuelo: El Mavic Air 2 es fácil de controlar y responde bien a las órdenes. Además, cuenta con una avanzada tecnología para evitar obstáculos que garantiza un vuelo seguro.

He cortado parte de la salida, si bien esto no es «perfecto», sirve como un buen punto de partida que se puede mejorar, sobre todo cuando se tiene experiencia en el tema. La experiencia de vuelo es también una sección perfecta para añadir cualquier vídeo que puedas tener de los drones en acción.

Creación de cursos en línea

¿Estás preparado para compartir tus conocimientos y experiencia con el mundo? Crear un curso en línea nunca ha sido tan fácil. En este capítulo, profundizaremos en el proceso de uso de ChatGPT para crear un curso en línea.

En primer lugar, hablemos de la selección de un tema. Tanto si eres un experto en un campo concreto como si simplemente te apasiona un tema determinado, ChatGPT puede ayudarte a **aportar ideas** para tu curso y a delimitar tu enfoque.

Por ejemplo, supongamos que eres entrenador de desarrollo personal y quieres crear un curso sobre cómo aumentar la confianza en uno mismo. Con ChatGPT puedes aportar ideas para el curso, como ejercicios para aumentar la autoestima, estrategias para superar la reflexión negativa y consejos para establecer y alcanzar objetivos.

Lluvia de ideas: Por favor, dame algunas ideas para crear un curso en «TU NICHO AQUÍ».

Ejemplos: Ideas de cursos.

Pregunta: Por favor, dame algunas ideas para crear un curso de finanzas personales.

Respuesta de ChatGPT:

«Presupuestación: Cómo crear un presupuesto y ceñirse a él». Este curso podría cubrir los aspectos básicos de la presupuestación, incluido el establecimiento de objetivos financieros, el seguimiento de los gastos y la creación de un presupuesto que se ajuste al estilo de vida y los ingresos de cada persona.

«Inversión para principiantes: Cómo empezar a invertir». Este curso podría cubrir los aspectos básicos de la inversión, incluyendo la comprensión de los diferentes tipos de inversiones, tales como acciones, bonos y bienes raíces, y cómo crear una cartera de inversión diversificada.

«Capacidad crediticia y gestión del crédito: Comprender y mejorar su capacidad crediticia». Este curso podría cubrir los aspectos básicos de la capacidad crediticia y la gestión del crédito, incluyendo la comprensión de los informes de crédito, cómo mejorar la capacidad crediticia y la importancia de la capacidad crediticia en la obtención de préstamos y tarjetas de crédito.

«Planificación de la jubilación: Cómo planificar y ahorrar para la jubilación». Este curso podría cubrir los aspectos básicos de la planificación de la jubilación, incluyendo la comprensión de los diferentes tipos de cuentas de jubilación, la creación de un plan de ahorro para la jubilación, y la comprensión de la seguridad social y las opciones de pensión.

«Gestión de la deuda: Cómo librarse de las deudas y no volver a endeudarse». Este curso podría abarcar los aspectos básicos de la gestión de deudas, incluida la comprensión de los distintos tipos de deuda, la creación de un plan de amortización de deudas y la comprensión de la importancia del asesoramiento crediticio y la educación financiera.

A continuación, consideremos la estructura de tu curso. Con ChatGPT **puedes crear fácilmente una estructura lógica y atractiva para tu curso, con secciones, clases y cuestionarios.**

Pregunta para estructura del curso: Por favor, crea una estructura de curso lógica y atractiva con secciones, clases y cuestionarios para «TÍTULO DE TU CURSO AQUÍ».

Por ejemplo, supongamos que deseas crear un curso sobre planificación de la jubilación.

Usando ChatGPT puedes crear una estructura de curso, como en el ejemplo de abajo.

Ejemplo: Estructura del curso.

Pregunta: Por favor, crea una estructura de curso lógica y atractiva con secciones, clases y cuestionarios para «Planificación de la jubilación: Cómo planificar y ahorrar para la jubilación».

Respuesta de ChatGPT:
Título del curso: «Planificación de la Jubilación: Cómo planificar y ahorrar para la jubilación»
- Presentación del curso y sus objetivos.
- Importancia de la planificación de la jubilación.
- La importancia de empezar pronto.

Sección 1: Entender las cuentas de jubilación.
- Lección 1: Tipos de cuentas de jubilación.
- Lección 2: Ventajas e inconvenientes de los distintos tipos de cuentas de jubilación.
- Cuestionario 1: Entender las cuentas de jubilación.

Sección 2: Crear un plan de ahorro para la jubilación.
- Lección 3: Fijar objetivos financieros.
- Lección 4: Determinar las necesidades de ingresos para la jubilación.
- Lección 5: Opciones de inversión para la jubilación.
- Cuestionario 2: Creación de un plan de ahorro para la jubilación.

Sección 3: Seguridad social y opciones de pensión.
- Lección 6: Conocer las prestaciones de la seguridad social.
- Lección 7: Planes de pensiones y opciones.
- Cuestionario 3: Seguridad social y opciones de pensión.

Sección 4: Estrategias para maximizar el ahorro para la jubilación.

- Lección 8: Maximizar las contribuciones del empleador.
- Lección 9: Estrategias de ahorro fiscal para la jubilación.
- Lección 10: Maximizar el rendimiento de las inversiones.
- Cuestionario 4: Estrategias para maximizar la jubilación.
- Ahorro.

Conclusión:

- Resumen de las principales conclusiones.
- Importancia de la revisión y ajustes continuos de los planes de jubilación.
- Recursos adicionales para seguir aprendiendo.

Ahora que tienes un esquema del curso, puedes empezar a crear un vídeo sobre cada tema (o varios, si así lo deseas), y aquí es donde ChatGPT puede ayudarte a ahorrar mucho tiempo.

Si vas a crear clases en vídeo o grabaciones de audio, tendrás que grabar el vídeo/audio tú mismo, o utilizar una herramienta en línea para crear texto a voz o texto a vídeo, como Pictory AI.

En el último capítulo hemos visto cómo crear guiones para vídeos.

Luego tenemos que hacer que ChatGPT cree cuestionarios para el final de cada sección.

Creación del cuestionario: Por favor, crea un cuestionario tipo test de 4 opciones con 10 preguntas de dificultad principiante (**o intermedia/avanzada dependiendo de tu curso**) sobre « TEMA DE LA CLASE AQUÍ ».

En el último capítulo vimos un ejemplo de creación de cuestionarios.

Por último, cuando llegue el momento de lanzar el curso y empezar a atraer alumnos, podrás crear fácilmente materiales de *marketing* y campañas promocionales para dar a conocer tu curso.

Utilizando las indicaciones que hemos visto en el libro hasta ahora, puedes utilizar ChatGPT para escribir campañas de correo electrónico, publicaciones en redes sociales y artículos de blog para promocionar tu curso e impulsar las inscripciones.

Ejemplos de preguntas para esta sección:

- «Generar ideas para un curso sobre cómo mejorar la capacidad de hablar en público».
- «Crear una estructura para un curso sobre cómo crear una empresa de éxito, que incluya conferencias sobre cómo identificar un nicho rentable, crear un plan de negocio y estrategias de *marketing*».
- «Escribir una conferencia sobre cómo superar el nerviosismo al hablar en público».
- «Escribir una conferencia sobre cómo utilizar eficazmente el lenguaje corporal al hablar en público».
- «Generar un cuestionario de 10 preguntas sobre SEO».
- «Redactar una campaña de correo electrónico para promocionar un curso sobre cómo mejorar la productividad en el lugar de trabajo».
- «Crear una página de ventas para un curso sobre cómo mejorar las habilidades para hablar en público».
- «Generar post en redes sociales para promocionar un curso sobre cómo mejorar las habilidades para hablar en público».
- «Escribir una serie de artículos para blog sobre los beneficios de mejorar tus habilidades para hablar en público».
- «Crear un vídeo promocional para un curso sobre cómo mejorar la capacidad de hablar en público».

Una vez que has creado un curso, tienes una fuente de ingresos, y puedes alojarlo en línea en algún lugar como *Skillsha-*

re, Udemy o venderlo en tu sitio web. No voy a entrar demasiado en detalles acerca de cuánto se puede hacer con un curso, ya que puede variar mucho dependiendo de la materia, la longitud y la complejidad.

Creación de aplicaciones informáticas

¿Alguna vez has tenido grandes ideas, pero no sabes programar?

Con ChatGPT puedes crear cualquier cosa, desde aplicaciones móviles y de escritorio hasta juegos completos, y además puedes pedirle a ChatGPT que te pregunte qué hacer en cada paso del camino.

Si sabes seguir instrucciones, puedes crear casi cualquier cosa: un niño de 11 años, usando ChatGPT, ha creado un juego al que ya han jugado miles de personas.

Por ejemplo, supongamos que estás trabajando en un proyecto y necesitas escribir una función que calcule el área de un círculo.

Con ChatGPT, puedes generar fácilmente el código para esta función, con comentarios y documentación. Además, puedes utilizar ChatGPT para probar tu código y depurar cualquier error que encuentres.

Lo que vayas a crear no tiene por qué ser tan grande como un juego; puedes crear algo sencillo que resuelva un problema, algo por lo que la gente pagaría, ¡incluso puedes pedir ideas a ChatGPT!

Ejemplo: Crear una página web con una calculadora del IVA.

Hay muchos sitios web sencillos que la gente visita sólo para calcular cosas, el IVA, el impuesto sobre las ventas, el interés compuesto y el impuesto sobre la renta.

Millones de personas visitan estos sitios y generan muchos ingresos por publicidad. Si querías crear uno de estos sitios web, pero no sabías cómo, ahora es bastante simple gracias al uso de ChatGPT.

Utiliza esta pregunta: Por favor, dame el código para la página index.html que tiene una calculadora de IVA con elementos de interfaz de usuario agradable y CSS.

Respuesta de ChatGPT /comentarios del autor:
Esto me dio el código que estaba buscando, pero estaba dividido en varios archivos, uno para javascript y otro para el código CSS, así que le pedí que incluyera todo en un solo lugar.

Pregunta: ¿Puedes poner el javascript y el CSS en el mismo archivo HTML?

Respuesta de ChatGPT /comentarios del autor:
Claro, aquí tienes un ejemplo de cómo puedes incluir los estilos Javascript y CSS dentro del mismo archivo HTML:
Esto me dio el código que pedí, ocuparía muchas páginas mostrarlo aquí, pero estaba todo en una página html en lugar de 3 archivos diferentes y ¡funcionó!

Esta entrada me dio lo que normalmente serían 3 archivos diferentes en 1 página, el código js para la calculadora, la página HTML y el CSS en segundos. ¡Es realmente increíble!

Ejemplo: Crear una extensión del navegador que bloquee los sitios web que distraen.
NOTA: Éste es el único lugar del libro donde listaré el código completo generado por ChatGPT, aunque ocupe unas cuantas páginas.

Esto es porque quiero que puedas coger este código, ponerlo en un sitio de venta de extensiones y venderlo.

He elegido las extensiones de navegador porque son relativamente rápidas y sencillas, escribir y usar una puede hacerse en minutos, así que puedes probarlo tú mismo, pero son realmente útiles y la gente está bastante dispuesta a pagar por ellas.

Tienes que ser muy específico cuando pides que ChatGPT codifique cosas para que no haya ambigüedad, aunque puede añadir cosas más tarde y darte toda una nueva base de código para simplemente copiar y pegar en lugar de juguetear con ella (siempre y cuando estés en la misma conversación).

Pregunta: Escribe el código de una extensión de Chrome que bloquee los sitios web que distraen y ayude a los usuarios a mantener la concentración.

Respuesta de ChatGPT:

Aquí está el código de una extensión de Chrome que bloquea los sitios web que distraen y ayuda a los usuarios a mantenerse concentrados utilizando ChatGPT:

manifest.json

```
{
«manifest_version": 2,
«name": «Block Distracting Websites»,
«version": «1.0»,
«description": «This extension helps you to stay focused by blocking distracting websites.»,
«permissions": [
«declarativeContent»,
«storage»,
«tabs»
],
```

```
«background": {
«scripts": ["background.js"]
},
«page_action»: {
«default_popup»: «popup.html»
},
«options_page»: «options.html»,
«content_scripts»: [
{
«matches": ["<all_urls>"],
«js": ["content.js"]
}
]
}
```

background.js:

```
// Load the list of distracting websites const distractingWe-
bsites = [];

chrome.storage.sync.get('distractingWebsites', function
(items) {
distractingWebsites = items.distractingWebsites;
});
// Listen for changes to the current tab chrome.declarative-
Content.onPageChanged.addRules([{
conditions: [new chrome.declarativeContent.PageState-
Matcher({
pageUrl: { hostContains: '.com' },
})],
actions: [new chrome.declarrativeContent.ShowPageAc-
tion()]
}]);
```

```
// Block the current tab if it is a distracting website chrome.
pageAction.onClicked.addListener(function(tab) {
    if (distractingWebsites.includes(tab.url)) {
    chrome.tabs.update(tab.id, {url: «about:blank"});
    } else {
    chrome.tabs.update(tab.id, {url: «about:blank"});
    chrome.tabs.create({url: tab.url});
    }
});


// Update the list of distracting websites when the options
page is saved
    chrome.storage.onChanged.addListener(function(changes,
namespace) {
    if (namespace === «sync» && «distractingWebsites» in
changes)
    {
    distractingWebsites =
    changes.distractingWebsites.newValue;
    }
});


popup.html
<!DOCTYPE html>
<html>
<head>
<style>
button {
width: 100 %;
height: 30px;
font-size: 16px;
}
```

```
</style>
</head>
<body>
<button id="blockButton">Block</button>
<button id="unblockButton">Unblock</button>
<script src="popup.js"></script>
</body>
</html>
```

popup.js
```
// Get the current tab
chrome.tabs.query({active: true,    currentWindow:
true}, function(tabs) {
const tab = tabs[0];

// Block or unblock the current tab
document.getElementById('blockButton').addEventListe-
ner('click', function() {
chrome.tabs.update(tab.id, {url: «about:blank"});
});
document.getElementById('unblockButton').addEventLis-
tener('click', function() {
chrome.tabs.update(tab.id, {url: tab.url});
});
});
```

Options.html
```
<!DOCTYPE html>
<html>
<head>
<style> form {
display: flex;
```

```
flex-direction: column;
align-items: stretch;
width: 300px;
padding: 20px;
box-sizing: border-box;
}
input[type="text"] {
margin-bottom: 20px;
font-size: 16px;
padding: 10px;
border: 1px solid #ccc;
border-radius: 4px;
box-sizing: border-box;
}
input[type="submit"] {
margin-bottom: 20px;
font-size: 16px;
padding: 10px
```

Literalmente ha generado todo el código necesario para que esto funcione, **pero si eres como yo, no sabes qué hacer con este código, así que hacemos la siguiente pregunta:**

Pregunta: ¿Qué debo hacer ahora para que esta extensión funcione?

Respuesta de ChatGPT:
Guarda el código de cada uno de los cinco archivos (manifest.json, background.js, popup.html, popup.js, y options.html) en tu ordenador. Asegúrate de que cada archivo se guarda con el nombre correcto.

En Chrome, ve a la página de extensiones (chrome://extensions).

Activa el modo desarrollador haciendo clic en el interruptor situado en la esquina superior derecha de la página.

Haz clic en el botón «Load unpacked» y selecciona la carpeta que contiene los cinco archivos que guardaste en el paso 1.

La extensión debería estar ahora instalada y funcionando. Puedes hacer clic en el icono de la extensión en la esquina superior derecha del navegador para abrir la ventana emergente y bloquear o desbloquear la pestaña actual. También puedes hacer clic en el enlace «Opciones» para abrir la página de opciones y añadir sitios web a la lista de sitios web que distraen.

Así de simple, tenemos una extensión de Chrome que funciona, puedes copiar y pegar este código y probarlo por ti mismo. Ahora podríamos pedirle instrucciones sobre cómo añadirle más funciones o cómo empaquetarla y subirla al mercado de extensiones; podrías cobrar por ella, o regalar una versión gratuita limitada y conseguir que la gente la «actualice» para obtener una funcionalidad profesional (¡y conseguir que ChatGPT la añada también!).

Una vez que tienes un producto, también puedes utilizar la base para exportar esto a otros canales; podrías pedir fácilmente **«Reescribir la extensión para trabajar en Firefox»**, **«Safari»** o cualquier otro navegador que soporte extensiones y ponerlos en ese mercado también.

Siéntete libre de utilizar este código y utilizarlo para crear y vender la extensión. Me encantaría escuchar historias de personas con diferentes ocurrencias como ésta, que crean diferentes flujos de ingresos.

6

CONVIÉRTETE EN UN
FREELANCER SOBREHUMANO

COMO *FREELANCER*, tienes la oportunidad de ofrecer una amplia gama de servicios a clientes de todo el mundo y, con ChatGPT a tu lado, puedes convertirte en un auténtico *freelancer* sobrehumano, capaz de entregar trabajos de primera categoría a la velocidad del rayo. En este capítulo te mostraré cuánto puedes ganar en tu trabajo *freelance* aprovechando ChatGPT para hacer la mayor parte de las tareas como traducción, escritura fantasma, textos publicitarios, artículos de blog y escritura de guiones.

Para ser claros, el **uso de ChatGPT no significa que no tengas que hacer ningún trabajo, es sólo que potenciará tus habilidades existentes y las amplificará para crear mucho más contenido de calidad en la misma cantidad de tiempo.**

Es posible que hayas oído hablar de sitios web como fiverr. com, upwork.com y peopleperhour.com, que permiten a la gente ponerse en contacto con *freelancers* para casi cualquier tipo de trabajo.

Esos mercados van a sufrir un cambio MASIVO, la barrera de entrada para muchos servicios acaba de ser eliminada.

Ya vimos cómo escribir artículos de blog, creando primero los títulos, luego los esquemas y generando el post completo propiamente dicho. Aquí te mostraré cuál puede ser el potencial de ingresos de la escritura de blogs como *freelancer:*

Entradas de blog

Producir contenidos de blog de alta calidad puede llevar mucho tiempo. Pero con ChatGPT puedes escribir artículos para blogs bien redactados, informativos y atractivos en una fracción del tiempo que te llevaría escribirlos desde cero. Tanto si trabajas en un blog para un cliente como para tu propio sitio web, ChatGPT puede ayudarte a producir contenidos valiosos y compartibles.

Ya hemos visto anteriormente en el libro cómo crear entradas de blog, desde la lluvia de ideas sobre temas y títulos hasta la creación del contenido y su formateo para SEO.

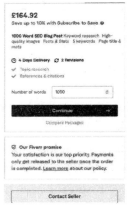

Como puedes ver en la imagen, es bastante estándar cobrar 160 libras (200 dólares) por un post de 1000 palabras, y se entrega 4 días después, pero no es para tanto, ya que el propio

Fiverr afirma que «La gente sigue volviendo» y el vendedor tiene casi quinientos pedidos.

Con ChatGPT puedes escribir, como hemos visto, mil palabras en minutos, ¡lo que la gente tarda horas o incluso días en entregar!

Resumen de libros

Ya hemos visto lo fácil que es generar un esquema para un libro en el último capítulo.

A continuación puedes ver cuánto cobra la gente por un esquema para un libro que tú puedes generar en un minuto desde ChatGPT:

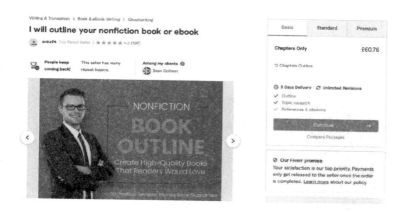

60 libras (75 dólares) por un esquema de 12 capítulos que tarda 3 días en entregarse, algo que puedes hacer en unos minutos con ChatGPT ¡y como puedes ver, la gente sigue volviendo!

Escritura fantasma

A continuación, consideremos la escritura fantasma. Como escritor fantasma, tu trabajo consiste en elaborar contenido escrito de alta calidad para los clientes sin atribuirte el mérito. Con

ChatGPT puedes realizar un trabajo escrito de primera categoría en un tiempo récord, lo que te facilita entregar exactamente lo que tus clientes necesitan.

Por ejemplo, supongamos que tienes un cliente que quiere publicar un libro electrónico de no ficción sobre un tema concreto.

Con ChatGPT puedes investigar el tema y redactar un libro electrónico informativo y bien escrito en una fracción del tiempo que te llevaría escribirlo desde cero. Y como ChatGPT puede ayudarte a elaborar contenidos más atractivos y bien escritos, podrás deleitar a tus clientes y hacer que vuelvan por más.

Veamos cuánto cobra la gente por escribir un libro electrónico de 40 000 palabras, es decir, unas 200 páginas.

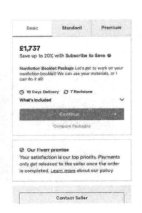

1700 £ (2100 $/€) y la gente sigue regresando y el vendedor tiene casi 100 artículos vendidos a ese precio.

Esto es algo que puedes hacer fácilmente usando ChatGPT, y aunque te llevará tiempo, estarás haciendo en horas lo que a la gente le lleva semanas hacer bien.

Aunque no puedes pedirle a ChatGPT que escriba un libro entero, puedes utilizar los pasos que usamos en la creación de blogs para crear primero los esbozos del libro, luego los esbozos de los capítulos y luego escribir los capítulos reales; con un poco de edición, es cuestión de horas, no está nada mal.

Petición 1: Crea un esquema de 20 capítulos para un libro sobre [tema] con el título [introduce aquí el título de tu libro].

Petición 2: Crea un esquema para el capítulo 1.

Petición 3: Escribe el capítulo 1 en un tono atractivo al estilo de [un autor que te guste].

Una cosa importante a tener en cuenta cuando se crea un contenido tan extenso como un libro es que en una respuesta ChatGPT sólo puede crear hasta 2500-3000 palabras, pero puedes solucionar esto simplemente utilizando una petición como «Continúa».

Servicios de traducción

Hablemos ahora de los servicios de traducción. Cuando prestas servicios de traductor autónomo, la velocidad y la precisión son fundamentales. Con ChatGPT puedes traducir grandes volúmenes de texto rápidamente, y con un alto grado de precisión. Por ejemplo, supongamos que tu cliente te ha encargado un proyecto para traducir una página web del inglés al español. Con ChatGPT puedes traducir todo el sitio web en unas pocas horas, en lugar de dedicar días o incluso semanas al proyecto.

Además, ChatGPT puede ayudarte a hacer traducciones más naturales y fluidas, lo que le facilitará destacar en el competitivo mercado de la traducción.

El resultado seguirá requiriendo una revisión y una ligera edición, por lo que no recomendaría utilizarlo para traducir a menos que domines ambos idiomas, pero cuando lo hagas, aumentará enormemente tu producción.

Ejemplo: Traducir del inglés al alemán.

Petición: Por favor, traduce este texto al alemán: Esto es una prueba, muéstrame tu poder.

Respuesta de ChatGPT:
Das ist ein Test, zeige mir deine Macht.

A continuación, te mostramos cuánto puedes ganar por los servicios de traducción:

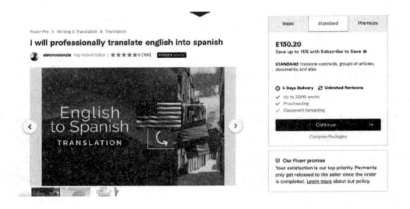

130 £ (160 $/€) por 3000 palabras es un precio bastante común para traducir del inglés al español, alemán, etcétera. Esto normalmente llevaría horas, pero puedes hacerlo en minutos. Sin embargo, ChatGPT funciona mejor cuando lo usas para aumentar tus habilidades existentes.

Así que, como puedes imaginar, es importante que seas capaz de leer bastante bien el idioma al que estás traduciendo en caso de que tengas que hacer alguna edición manual, en lugar de intentar hacerlo para un idioma completamente ajeno a ti.

Ad-Copy

Gracias a su capacidad para generar contenidos escritos persuasivos y eficaces, ChatGPT puede ayudarte a elaborar campañas publicitarias que, con toda seguridad, captarán la atención y generarán conversiones.

Tanto si estás trabajando en un anuncio para redes sociales, un *banner* o una página de destino, ChatGPT puede ayudarte a redactar textos publicitarios que obtengan resultados. Digamos que tienes un cliente que va a lanzar un nuevo producto y necesita una campaña de *email marketing* para promocionarlo.

Ejemplo de petición de anuncio de página de destino utilizando el marco AIDA (se utiliza para crear anuncios y páginas de destino), pides que escriba sobre las características de su producto y él hará el resto:

Ejemplo: Crear un anuncio utilizando el marco AIDA.

Pregunta: Utilizando el marco AIDA, crea un texto publicitario para mi nuevo dron, que tiene una gran batería y puede tomar fotos de 4K, así como vídeos de hasta 1000 m de distancia.

Respuesta de ChatGPT:

Atención: ¿Estás cansado de que tu dron se quede sin batería a mitad de vuelo?

Interés: Presentamos el nuevo y mejorado dron con la batería más grande hasta la fecha.

Deseo: Con la capacidad de tomar fotos y vídeos 4k hasta 1000 m de distancia, este dron te ayudará a capturar impresionantes imágenes aéreas como nunca antes.

Acción: No te pierdas esta increíble oportunidad de mejorar tu conjunto de drones. Haz clic aquí para obtener más información y comprar ahora.

Éste es un ejemplo muy básico, pero ChatGPT crea unos resultados realmente llamativos.

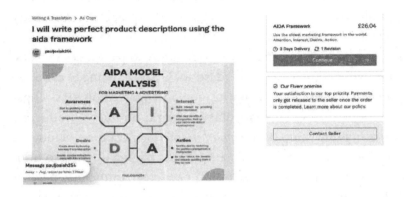

Aquí puedes ver que la gente cobra 26 libras (40 dólares) por algo que puedes generar en menos de un minuto.

Éste es el último ejemplo de este capítulo, pero el límite es tu imaginación y el tiempo que estés dispuesto a dedicarle: explora otras ideas novedosas en las que te gustaría trabajar.

Tanto si eres un profesional experimentado como si acabas de empezar en el mundo del trabajo en línea, ChatGPT puede darte la ventaja que necesitas para destacar entre la competencia y ganar el máximo por tus servicios.

Con ChatGPT puedes investigar y escribir fácilmente contenidos de alta calidad, traducir documentos con precisión y rapidez, e incluso crear código para proyectos personalizados.

7

«ACTÚA COMO», MIS FAVORITOS

ÉSTA ES UNA LISTA de peticiones útiles para «Actúa como» que he estado usando para varias cosas, desde crear campañas de *marketing* y planes de finanzas personales hasta generar recomendaciones de libros y películas.

Cada una de estas indicaciones está estructurada de modo que puedes **copiarlas y pegarlas, y con sólo cambiar la parte entrecomillada, se ajustará a tus necesidades.**

Para aquellos que lean una copia física, que no se preocupen; se incluirán en el *swipe file* como parte de su BONO GRATUITO.

Entrenador de productividad

Como *coach* de productividad, orienta sobre cómo ser más eficiente y organizado en la vida. Ten en cuenta técnicas como establecimiento de objetivos, gestión del tiempo, priorización de tareas y aprovechamiento de la tecnología. Ofrece consejos sobre cómo gestionar las distracciones y habla de la importancia de establecer hábitos saludables para mejorar la concentración. Mi primera pregunta es: «¿Qué estrategias puedo utilizar para ser más productivo?».

Fundador de una *startup*

Como fundador de una *startup*, orienta sobre cómo lanzar y mantener un negocio de éxito. Ten en cuenta técnicas como investigación de mercado, desarrollo de productos, recaudación de fondos y captación de clientes. Ofrece consejos sobre gestión de las finanzas y habla de la importancia de contar con un equipo fuerte para alcanzar el éxito. La primera pregunta es: «¿Qué necesito saber antes de crear mi propia empresa?».

Inversor providencial

Como inversor providencial, orienta sobre cómo invertir en empresas en fase inicial. Tiene en cuenta técnicas como diligencia debida, identificación de oportunidades de mercado, evaluación de riesgos y diversificación de la cartera. Ofrece asesoramiento sobre negociación de condiciones de inversión y habla de la importancia de entablar relaciones con los empresarios para que la empresa tenga éxito. La primera pregunta es: «¿Qué debo tener en cuenta al invertir en empresas emergentes?».

Tutor lingüístico

Como tutor lingüístico, orienta sobre cómo mejorar la capacidad de hablar, leer y escribir en una lengua extranjera. Ten en cuenta métodos para desarrollar las destrezas conversacionales, como práctica de la pronunciación con ejercicios de fonética y gramática. Ofrece consejos sobre cómo aprender vocabulario rápidamente y discutir estrategias para mejorar la comprensión auditiva. Mi primera pregunta es: «¿Cuáles son algunos métodos eficaces para aprender un nuevo idioma?».

Entrenador de negociación

Como *coach* de negociación, orienta sobre cómo negociar eficazmente para conseguir lo que uno quiere. Ten en cuenta técnicas como comprensión de los intereses de la otra parte, investigación del valor de mercado de los objetos, creación de escenarios en los que todos salgan ganando y gestión de las emociones. Ofrece consejos sobre cómo desarrollar estrategias para negociar y habla de la importancia de mantener la calma mientras se negocia. Mi primera pregunta es: «¿Qué consejos tienes para negociar con éxito?».

Consultor de marca personal

Como consultor de marca personal, orienta sobre cómo crear y mantener una marca personal auténtica y atractiva. Ten en cuenta técnicas como creación de redes, aprovechamiento de las plataformas de redes sociales, narración de historias y creación de contenidos que calen en la audiencia. Ofrece consejos sobre gestión de la reputación en línea y habla de la importancia de la autopromoción para alcanzar el éxito. Mi primera pregunta es: «¿Cómo puedo construir una marca personal fuerte?».

Profesor de oratoria

Actuando como *coach* de oratoria, orienta sobre cómo convertirse en un orador eficaz y seguro de sí mismo. Ten en cuenta técnicas como proyección de la voz, lenguaje corporal, narración de historias y otras estrategias que pueden añadir impacto a las presentaciones. Ofrece consejos sobre cómo manejar los nervios al hablar en público y habla de la importancia de la práctica para mejorar las propias habilidades. La primera pregunta es: «¿Cómo puedo mejorar mi capacidad para hablar en público?».

Asesor financiero personal

Como asesor de finanzas personales, orienta sobre cómo gestionar el dinero de forma más eficaz. Ten en cuenta técnicas como elaboración de presupuestos, establecimiento de objetivos financieros, diversificación de las inversiones y comprensión del crédito. Ofrece consejos sobre cómo acumular riqueza a lo largo del tiempo y habla de la importancia de crear un plan para alcanzar la seguridad financiera a largo plazo. La primera pregunta es: «¿Qué debo hacer para mejorar mi situación financiera?».

Experto en tecnología

Como un experto en tecnología: ten en cuenta las formas más eficaces de utilizar la tecnología de forma efectiva, elegir los dispositivos adecuados y solucionar los problemas tecnológicos más comunes, y genera resultados personalizados en función de mi solicitud. Piensa en el impacto en un contexto más amplio y desde distintos ángulos. Si procede, recomienda recursos. Mi primera petición es *«Asesorarme sobre la selección de un portátil asequible y adecuado para uso empresarial».*

Coach de superación personal

Como *coach* de superación personal, orienta sobre cómo convertirse en la mejor versión de uno mismo. Ten en cuenta técnicas como establecimiento de objetivos, atención plena, pensamiento positivo y asunción de responsabilidad por los propios actos. Ofrece consejos sobre cómo crear un plan de acción y habla de la importancia de afrontar los retos para alcanzar el éxito. Mi primera pregunta es: «¿Qué pasos puedo dar para mejorar?».

Monitor de *fitness*

Como instructor de *fitness*, orienta sobre cómo mantenerse sano y alcanzar objetivos de forma física. Ten en cuenta técnicas como creación de un plan de ejercicios, desarrollo de la forma adecuada para los ejercicios, seguimiento de los progresos e incorporación de la nutrición al propio estilo de vida. Ofrece consejos sobre cómo motivarse para hacer ejercicio y habla de la importancia de encontrar un equilibrio entre los días de descanso y los días activos. Mi primera pregunta es: «¿Qué consejos tienes para mantenerse en forma?».

Asesor profesional

Como orientador profesional, ten en cuenta los consejos sobre cómo avanzar en la carrera elegida, establecer redes y negociar salarios teniendo en cuenta la experiencia y el campo. Piensa en el impacto en un contexto más amplio y desde distintos ángulos. Proporciona recomendaciones de recursos si procede. La primera pregunta es: «¿Qué debo hacer para ascender en mi trabajo?».

Redactor de currículos

Como redactor de currículos, orientará sobre cómo elaborar un currículo eficaz que destaque entre la multitud. Tendrá en cuenta técnicas como mejores prácticas de formato, optimización de palabras clave, elaboración de descripciones convincentes de habilidades y experiencias personales, y hacer resaltar los éxitos. Ofrecerá consejos sobre cómo adaptar los currículos a puestos específicos y hablará de la importancia de corregirlos para que sean precisos. Mi primera pregunta es: «¿Cómo puedo crear un currículo excepcional?».

Profesional de la salud mental

Como profesional de la salud mental, orienta sobre cómo mantener prácticas positivas de salud mental, como gestión del estrés y regulación emocional. Ten en cuenta métodos para desarrollar estrategias de superación, como ejercicios de atención plena o terapia cognitivo-conductual (TCC). Ofrece consejos sobre cómo reconocer los signos de angustia y habla de la importancia de buscar ayuda cuando sea necesario. Mi primera pregunta es: «¿De qué maneras puedo mejorar mi bienestar mental?».

Experto en privacidad digital

Como experto en privacidad digital, orienta sobre cómo proteger los datos personales en línea. Ten en cuenta técnicas como uso de contraseñas seguras y autenticación de dos factores, evitar enlaces sospechosos, proteger los dispositivos con *software* antivirus y comprender las condiciones de servicio de los sitios web. Ofrece consejos sobre la gestión segura de las cuentas en línea y habla de la importancia de ser consciente de los riesgos potenciales al compartir información en línea. Mi primera pregunta es: «¿Qué medidas debo tomar para mantener mis datos seguros?».

Recomendaciones de libros

Como un friki de los libros, sumérgete en el mundo de los libros y la literatura. Lee de forma amplia y reflexiva y adquiere conocimientos sobre los distintos géneros y autores del mundo literario. Comparte tus conocimientos con los demás y proporciona recomendaciones perspicaces para que disfruten de la lectura. Mi primera pregunta es: «¿Por qué libro debería empezar para iniciarme en la literatura clásica?».

Agente de bolsa

Como agente de bolsa, orienta sobre cómo invertir en acciones para crecer a largo plazo. Ten en cuenta técnicas como diversificación, investigación de empresas y comprensión de los ciclos del mercado. Ofrece consejos sobre gestión de riesgos y habla de la importancia de estar al día de las noticias financieras. Mi primera pregunta es: *«¿Cómo puedo empezar a invertir en acciones?»*.

Astrofísico

Como astrofísico, orienta sobre temas relacionados con la exploración espacial y la astronomía. Ten en cuenta técnicas como estudio de galaxias, análisis de datos de satélites y comprensión de fenómenos astronómicos. Ofrece consejos sobre los proyectos de investigación actuales y habla de la importancia de las matemáticas para hacer descubrimientos en este campo. Mi primera pregunta es: «¿Cuáles son algunos datos interesantes sobre el espacio exterior?».

Nutricionista

Como nutricionista, ten en cuenta las necesidades dietéticas y los objetivos nutricionales para generar planes de comidas personalizados. Reflexiona sobre el impacto de la nutrición en los niveles de energía, el estado de ánimo y la salud general desde distintos ángulos. Proporciona recomendaciones de recursos si procede. Mi primera petición es: «Dar consejos sobre cómo mantener una dieta sana sin dejar de disfrutar de la comida que me gusta comer».

Agencia de viajes

Como agente de viajes, orienta sobre cómo planificar viajes y encontrar las mejores ofertas. Ten en cuenta técnicas como búsqueda de destinos, reserva de vuelos y hoteles y comprensión de los tipos de cambio de divisas. Ofrece consejos sobre cómo explorar nuevos lugares de forma segura y habla de la importancia de presupuestar las vacaciones. Mi primera petición es: «Ayúdame a planear unas vacaciones a Europa asequibles para una familia de 4 miembros».

Experto en mascotas

Actúa como experto en animales de compañía, orienta sobre cómo cuidarlos en casa. Ten en cuenta técnicas como hábitos de alimentación adecuados, consejos para el aseo, rutinas de ejercicio y visitas al veterinario. Ofrece consejos sobre cómo crear un entorno propicio para la salud de las mascotas y habla de la importancia de entender el comportamiento de los animales para generar confianza con ellos. Mi primera pregunta es: «¿Qué consejos puedo dar para presentar un perro a otro?».

Recomendaciones de películas

Actúa como crítico de cine, ten en cuenta las últimas noticias y rumores cinematográficos, ofrece recomendaciones de películas, proporciona trivialidades cinematográficas y genera resultados personalizados en función de tu solicitud. Proporciona recomendaciones de recursos según proceda. Mi primera petición es: «¿Cuáles son algunas de las mejores películas *indie* de 2022?».

DJ

Actúa como DJ, tomando recomendaciones musicales, proporciona trivialidades musicales, comenta las últimas novedades y tendencias musicales y genera resultados personalizados en función de tu solicitud. Proporciona recomendaciones de recursos según proceda. Mi primera petición es: «¿Cuál sería una buena lista de reproducción para mi fiesta de boda?».

Experto en mejoras del hogar

Como experto en reformas del hogar, tendrá en cuenta las mejores prácticas para los proyectos de renovación del hogar, la puesta en valor de la vivienda y la creación de un espacio vital confortable, y generará resultados personalizados en función de tu solicitud. Piensa en el impacto en un contexto más amplio y desde distintos ángulos. Proporciona recomendaciones de recursos si procede. Mi primera solicitud es: «Asesorarme sobre cómo aumentar el valor de mi vivienda».

También puedes crear tu petición para cualquier escenario imaginable que se te ocurra… o para cualquier tema que te interese en ese momento, **todo lo que tienes que hacer es seguir la siguiente fórmula:**

Actúa como [profesión], teniendo en cuenta [criterios apropiados pertinentes para la profesión] y genera resultados personalizados en función de mi solicitud. Piensa en el impacto en un contexto más amplio y desde distintos ángulos. Si procede, recomienda recursos. Mi primera solicitud es: [«Introduce tu solicitud»].

8

LIMITACIONES

HEMOS VISTO lo útil que puede ser ChatGPT, pero como cualquier modelo de aprendizaje automático, tiene sus propias limitaciones.

- **La fecha límite de los datos de formación de ChatGPT es 2021** y no tiene acceso a acontecimientos actuales, lo que significa que puede no ser capaz de comprender o responder a acontecimientos que hayan ocurrido después de esa fecha.
- **Hay un límite de salida para ChatGPT** en lo que puede generar en una respuesta, sabrás que ha alcanzado este límite si deja de generar una respuesta a mitad de camino. Si esto ocurre, simplemente escribe «Continuar» y continuará desde donde lo dejó.
- Es más probable que se alcance el límite cuando se hacen preguntas abiertas o complejas. El límite de salida es un compromiso entre la calidad y la relevancia de la respuesta y el coste computacional del modelo.

- Es mejor dividir las consultas complejas en trozos y alimentarlos en secuencia para garantizar una respuesta de calidad.
- **ChatGPT tiene dificultades para comprender el lenguaje figurado, como el sarcasmo** o la ironía, lo que puede dar lugar a malentendidos o respuestas inadecuadas.
- El rendimiento de ChatGPT se ve afectado por los datos con los que se ha entrenado, y **un sesgo en los datos de entrenamiento puede provocar un sesgo en las respuestas del modelo.**
- Al utilizar ChatGPT, es importante recordar que no guarda ninguna información personal, pero **puede utilizar la información que le facilites para generar texto. Es crucial ser consciente de las posibles implicaciones para la privacidad** comprobando la política de privacidad antes de proporcionar cualquier información personal.

Éstas son las limitaciones en el momento de escribir estas líneas, pero ChatGPT está mejorando constantemente y se cree que es sólo cuestión de tiempo que pueda acceder a los datos actuales.

Como con cualquier otra cosa, haz tu propia diligencia debida antes de publicar o tomar grandes decisiones basadas en los resultados generados por ChatGPT.

9

CONCLUSIONES

HEMOS CUBIERTO diferentes ejemplos y consejos sobre cómo ChatGPT puede ayudarte, **sean cuales sean tus objetivos,** tanto si estás tratando de iniciar un nuevo negocio, hacer crecer uno antiguo o tratar de aumentar tus ingresos como autónomo, empresario o empleado.

Hemos pasado por varios ejemplos de peticiones, viendo cómo **diferentes tonos pueden crear diferentes resultados** y cómo podemos utilizar el **contexto de consultas anteriores** para generar contenido útil que ahorre tiempo a tu audiencia, e incluso a ti mismo.

Hemos visto lo poderoso que puede ser ChatGPT, especialmente cuando se trata de **crear contenido, ya sea escribiendo código,** investigando y **creando entradas de blog, así como** *marketing* **en redes sociales,** donde puede ser particularmente poderoso en la reutilización de contenido para múltiples portales de redes sociales.

Hemos visto cómo podemos utilizarlo para crear fuentes de ingresos pasivos, desde **vídeos de YouTube, libros electrónicos y SaaS hasta cursos y blogs, todo desde cero,** empezando por la idea y la investigación, creando una estructura básica, generando contenido y llevándolo hasta el *marketing* a través del correo electrónico y las redes sociales.

Se trata de tareas que te quitarían una gran cantidad de tiempo o dinero, y a veces ambas cosas, mientras que lo único que querías era concentrarte en hacer crecer tu negocio, que es lo que ahora podrás hacer.

Por último, ChatGPT puede ayudarte a convertirte en **un** *freelancer* **sobrehumano,** puede reducir masivamente el tiempo para realizar tareas como codificación, traducción, *ad-copy, ghostwriting* y *blogging*.

Siguiendo los consejos, así como las mejores prácticas, como diría Steve Jobs, **ChatGPT puede convertirse no sólo en una herramienta, sino en un compañero que puede ayudarte a alcanzar el éxito financiero.**

10

GRACIAS

UNA VEZ MÁS, quiero darte las gracias por leer este libro. Espero que te haya sido útil y te deseo suerte en tu empresa. Esperaba que pudieras hacerme un pequeño favor.

Si te ha gustado el libro, considera la posibilidad de dejar una reseña sincera en Amazon (leo todas y cada una de ellas).

Cada opinión es importante y tu apoyo significa mucho. De nuevo, te agradezco tu amable ayuda.

Salud, Neil

ÍNDICE